法律法规释义系列

机关事务管理条例
释 义

JI GUAN SHI WU GUAN LI TIAO LI
SHI YI

国务院机关事务管理局
国务院法制办公室 编著

中国法制出版社
CHINA LEGAL PUBLISHING HOUSE

认真贯彻落实《机关事务管理条例》
推进机关事务工作法治化

焦焕成

《机关事务管理条例》（以下简称《条例》）经 2012 年 6 月 13 日国务院第 208 次常务会议通过，6 月 28 日温家宝总理签署国务院令第 621 号予以公布，自 2012 年 10 月 1 日起施行。《条例》的公布施行，是我国机关事务工作改革发展进程中的一件大事。

一、充分认识《条例》公布实施的重要意义

新中国成立以来特别是改革开放以来，各级机关事务管理部门围绕中心，服务大局，认真履行管理、保障、服务职责，为各级机关正常运行提供了有力保障，为经济社会发展作出了积极贡献。随着依法治国方略的深入实施和法治政府建设的稳步推进，机关事务工作法治化日趋重要，正是在这种背景下，《条例》作为规范机关事务工作的行政法规，其公布实施具有十分重要的意义。

（一）《条例》的公布实施，体现了党中央、国务院对机关事务工作的高度重视，是推动机关事务工作科学发展的重要契机。党中央、国务院历来高度重视机关事务工作。在国内革命战争、抗日战争

以及解放战争等不同历史时期，我们党都设立了管理机关事务工作的部门，统一管理中央机关和各部门的行政后勤事务。新中国成立以后，毛泽东、周恩来等老一辈无产阶级革命家提出政务、事务工作是机关工作的两个轮子的论述；党的十一届三中全会以后，邓小平、江泽民、李鹏、朱镕基等党和国家领导人对机关事务工作高度重视并给予了极大的关心、支持和指导。党的十六大以来，以胡锦涛同志为总书记的党中央领导集体，对机关事务工作作出许多重要指示，提出明确要求。温家宝总理在全国机关事务工作协会第三次会员代表大会暨机关后勤先进集体先进工作者表彰大会上指出，机关事务管理工作是党和政府工作的重要组成部分，直接关系机关工作的质量、效率和水平，关系到党和政府同人民群众的联系；要健全管理制度，做到机关事务管理有法可依，接受社会和人民的监督。李克强副总理在中央和国家机关事务工作先进集体先进工作者表彰大会上强调，机关事务工作是党和政府工作的重要一环，工作量大，政策性和专业性强；要促进管理科学化、保障法制化，为机关高效运转服好务，进而为经济社会管理服好务，为人民群众服好务。正是在党中央、国务院领导同志的高度重视和亲切关怀下，在各级机关事务管理部门的积极努力下，在国务院相关部门特别是法制办的精心组织、积极协调和大力支持下，《条例》经国务院常务会议讨论通过并于 2012 年 10 月 1 日起施行。《条例》的公布实施，标志着国家以立法形式明确了机关事务管理部门的职责地位，为机关事务管理活动提供了良好的法制环境，为机关事务工作科学发展提供了有利契机，将有力地提升机关事务工作的科学化、规范化和法治化水平。

（二）《条例》总结了 30 多年来机关事务工作改革创新的实践经验，是深化机关事务工作改革的重要指引。改革开放以来，各级机关事务管理部门积极适应建立和完善社会主义市场经济体制的要求，根据国家行政管理体制改革、投融资体制改革、财政体制改革等要求，在推进办公用房集中管理、国有资产统一管理、开展机关后勤服务社会化改革以及公务用车制度改革等方面进行了积极探索和大胆尝试。例如，中央国家机关推进办公用房和机关用地管理体制改革，建立了所有权与使用权相分离的集中统一管理体制；上海市组建了上勤集团和展览中心集团，后勤服务的社会化、专业化水平显著提高；江苏、山东等省在建立上下级机关事务管理部门之间的业务指导关系方面取得了积极进展；河北、吉林、安徽、重庆等省市大力推进机关事务集中管理，四川、济南等地积极推动机关资产统一管理，湖南、福建、山西、黑龙江等省建立工程项目的统建机制等等，这些改革都取得了明显的成效。通过这些年来的改革，我们在完善机关事务管理体制，健全机关事务管理制度以及转变服务运行机制方面，取得了积极的进展；通过这些年来的改革，我们在推动机关事务工作走上科学化管理、法制化保障和社会化服务的发展之路上，取得了长足的进步。《条例》系统总结了 30 多年来特别是近 10 年来，各级机关事务管理部门深化改革的理论成果、实践成果和制度成果，并将各地区、各部门好的经验和做法用法规的形式固定下来。《条例》贯穿着改革的思想、彰显着创新的理念。《条例》的公布实施，是机关事务工作深化改革、加快发展的必然产物，是各地区各部门先行先试、大胆改革、成功实践的制度升华。《条例》的公布实施，为新形势下进一步深化机关事务工作改革，推动机关事务工作科学发展，奠定了法制基础，创造了工作平台。

（三）《条例》彰显了依法治国、建设法治政府的目标要求，是机关事务管理依法行政的重要抓手。贯彻依法治国基本方略，推进依法行政，建设法治政府，是我们党治国理政从思想理念到工作方式的重大转变，具有划时代的意义。机关事务工作是党和政府工作的重要组成部分，机关事务法制建设是建设法治政府的重要内容。近年来，随着经济社会的发展和政府自身建设的不断加强，机关事务工作发生了许多新的变化，工作对象更加广泛，工作内容更加多样，工作职能更加丰富，工作关系更加复杂，其发展主题、工作主线、业务重心、管理要求和评价标准等也都相应发生了变化。与此同时，各级机关事务管理部门为进一步加强管理，做好工作，制定出台了大量的政策性文件，其中一些关于公务用车、公务接待、办公用房管理的重要规定以中共中央办公厅、国务院办公厅文件印发实施。《条例》立足这些变化和实践，在全面梳理现有政策文件和制度办法、深入分析工作要求和目标任务的基础上，以推进体制机制和制度创新为突破口，以规范行政权力运行、保证行政法规严格执行为着力点，明确了机关事务工作的主要内容、管理体制、工作机制、基本原则和目标要求，完善了约束机制，明确了法律责任，推动了机关事务工作由主要依靠政策文件办事向主要依靠法律法规办事的转变。这既是机关事务管理科学化的新进展、保障法制化的新突破，也是新时期机关事务管理依法行政的重要依据和制度支撑，必将从整体上进一步提升机关事务管理的依法行政水平。

（四）《条例》的公布实施，顺应了人民群众降低行政成本、加强政府自身建设的愿望，是建设节约型机关的重要举措。机关事务工作管钱、管物、管资产，涉及公务接待、公务用车、经费使用以及政府采购、办公用房建设等事项，与机关廉政建设和作风建设密切相关。近年来，随着政府信息公开工作的深入推进，公众对降低行政成本、加强政府自身建设十分关心，对机关事务工作特别是公务用车、公务接待、政府采购等事项十分关注。《条例》顺应形势发展的要求，积极回应社会关切，把公开透明作为机关事务工作的基本原则，把社会普遍关注的"三公经费"支出作为规范重点，把政府采购、办公用房建设、会议管理等作为规范对象，进一步明确了建设节约型机关的要求、方法和途径，加大了对实物定额、服务标准和预算支出的管理力度，强化了对经费、资产和服务的管理，突出了对违规行为的责任追究和处罚，体现了民主、公开、平等的法治精神，有利于强化行政监管，有利于建设廉洁政府，有利于密切党群干群关系。《条例》的公布实施，为各级政府继承和弘扬艰苦朴素、勤俭节约的优良作风，降低行政运行成本，建设节约型机关，提供了更加科学、更具操作性、更有约束力的制度保障。

二、切实做好《条例》确定的各项重点工作

《条例》坚持全面规范与突出重点相结合，构建体制机制与完善制度标准相结合，明确职责分工与加强协同配合相结合，对机关运行经费、资产和服务管理等重点工作和有关问题进行了规范，是当前和今后一个时期推动机关事务工作科学发展的重要法律文件。各级机关事务管理部门要准确把握《条例》的规定和内容，认真贯彻落实《条例》的部署和要求，不断提高管理、保障和服务水平。当前，要着力抓好以下五个方面的工作。

（一）以完善制度标准为重点，提升机关事务管理科学化水平。完善的制度是规范机关事务管理、提高机关事务工作效能的重要保障。《条例》强调，要健全和完善具体制度、细化各项标准，为加强机关事务管理、规范机关事务工作、保障机关正常运行提供依据。各级机关事务管理部门要会同有关部门，抓紧制定和完善有关制度和配套办法，推进制度的立、改、废工作，努力构建结构完整、内容全面、形式规范、层级分明的机关事务管理制度标准体系。一是要拟定机关事务管理地方性法规或政府规章。省级政府机关事务主管部门要结合工作实际，根据需要与可能，在省级人民政府的领导下，积极会同法制等有关部门，研究制定本地区机关事务管理的地方性法规或政府规章，进一步细化、实化《条例》的各项规定，夯实制度基础。二是要加快建立健全专项管理制度。要立足机关事务工作实际，加快制定和完善机关运行经费公开、支出统计报告、绩效考评、资产使用

管理、后勤服务、公务用车以及公务接待管理等专项制度和政策措施，提高制度的系统性和可操作性。三是要抓紧完善各项具体标准。要按照《条例》的规定，加快研究制定实物定额和服务标准、机关运行经费预算支出定额和有关开支标准，以及办公用房建设维修、物业服务和后勤服务等标准，增强标准的针对性和可行性，进一步提高管理科学化和精细化水平。

（二）以"三公经费"等机关运行经费公开为抓手，抓好厉行节约各项工作。去年，中共中央办公厅、国务院办公厅印发的《关于进一步做好党政机关厉行节约工作的通知》提出，要"推动党政机关行政经费信息公开，在向全国人大常委会报告中央财政决算报告时，应将党政机关行政经费和'三公经费'情况纳入报告内容，并适时向社会公开"。今年7月，90多个中央部门在同一天向社会公开了2011年度部门决算和"三公经费"支出情况，社会舆论给予了积极评价。我们要充分认识到，公开仅仅是手段，控制行政成本才是目的。要通过公开的方式，主动接受社会的监督，进一步加强和改进我们的工作，降低机关运行成本。特别是要根据《条例》的规定，以"三公经费"等机关运行经费公开为抓手，切实做好厉行节约的各项工作。要认真落实《党政机关公务用车配备使用管理办法》，重新核定和压缩公务用车编制，严格按照规定标准配备更新公务用车，完善公务用车运行费用定额制度，改进公务用车政府采购工作。要严格执行《党政机关国内公务接待管理规定》，完善接待经费管理等配套办法，严格控制经费开支标准，严禁以会议和培训名义列支公务接待费用。要进一步理顺公共机构节能管理体制，健全制度标准体系，强化计量监督考核，完善约束和激励机制，充分发挥科技创新和技术进步的促进作用，扎实做好公共机构节约能源资源工作。要加强采购预算管理，推进制度标准、操作流程、人员队伍、信息平台的规范化建设，着力提高采购质量和效率，切实做好扩面增量工作，充分发挥政府集中采购在控制经费支出、促进廉政建设方面的积极作用。要进一步加强国有资产管理，严格控制楼堂馆所建设，大力推进信息工程共建共享，严格控制论坛、庆典、节会活动，进一步降低差旅、会议、文件等一般性支出。

（三）以推进服务社会化为方向，深化机关后勤服务的改革。《条例》要求，各级人民政府应当推进机关后勤服务、公务用车和公务接待服务等工作的社会化改革，建立健全相关管理制度。在机关后勤服务改革方面，经过多年的努力，中央国家机关后勤服务外包率达到了49%以上，有些部门甚至达到90%；有的地方政府实行集中办公，比如泰安、长沙、南昌等地，服务社会化的程度则更高。下一步，各级机关事务管理部门要结合事业单位分类改革，加大引进社会服务机构提供会议、物业、通讯维护、餐饮等服务的力度，进一步推进机关后勤服务社会化改革，逐步实现由内部自我服务为主向主要由社会提供服务转变。在公务用车服务改革方面，近年来，各地区、各部门积极探索公务用车服务改革，特别是上海、广东、杭州、大庆等地的改革，取得了明显成效，积累了有益的经验。下一步，我们要坚持因地制宜、保障公务、高效服务的原则，稳步推进各项改革，通过服务外包、司勤人员外聘、引进专业服务企业以及劳务派遣等方式，进一步提升公务用车服务的社会化、专业化水平，使经费支出更加合理可控，公务出行更加方便快捷。在公务接待服务改革方面，政府机关自办的接待服务单位要逐步实行企业化管理，有条件的要转制为企业，提升市场竞争能力，实现经营、服务的平衡发展。同时，要积极利用社会服务资源，实现食宿、交通、会议、考察等服务项目，逐步由社会定点招标饭店、租车公司以及会议公司提供。

（四）以实现统一集中为目标，完善机关事务管理体制。实现机关事务的统一集中管理，是30多年来机关事务工作改革与发展形成的共识。实践表明，在新的历史条件下，统一集中管理有利于打破"小而全""大而全"的工作格局，有利于避免部门之间的苦乐不均、相互攀比，有利于提高工作效能，降低服务成本。所以，《条例》明确规定，县级以上人民政府应当推进本级政府机关事务的统一管理，政府各部门应当对本部门的机关事务实行集中管理。在统一管理方面，首先，要实现在同级预算单位的不同部门之间，在同一地区机关事务工作的基本制度和服务标准上的统一；其次，要制定统一的机关事务工作发展规划，统筹各类资源的配置和供给，努力为各部门提供标准一致、合理适度的保障资源和服务；再次，要加强不同层级机关事务工作的联系，加强上级对下级的业务指导，并实施有效的监督。这就要求县级以上人民政府要按照深化行政管理体制改革的要求，明确本级政府的机关事务主管部门，科学配置工作职能，理顺与相关部门的权责关系，防止政出多门，相互扯皮。在集中管理方面，对政府部门而言，要按照政务事务分开、管办分离的要求，推进内部机关事务的统一管理，逐步将部门内部的机关事务工作集中到一个机构来承担，优化人员结构，减少人员配备，提高专业化水平，使部门内部其他工作机构集中精力做好政务工作。对于集中办公区内的部门，要考虑把各部门的机关事务管理职能集中起来，由机关事务主管部门集中管理、统一组织提供专业化的后勤服务。实现机关事务工作的统一集中管理是一项系统工程，也是一项艰巨复杂的任务，各地区、各部门要根据自己的条件，整体考虑，分项实施，稳妥推进。

（五）以强化法律责任为保障，提高机关事务管理部门依法行政水平。《条例》既是规范机关事务管理的工作规则，也是规范机关工作人员相关行为的准则。《条例》明确了机关事务管理的法律责任，强调了机关事务管理的严肃性，也强调了机关事务管理部门依法行政的严肃性。为此，各级机关事务管理部门要根据《条例》的规定，进一步加大监督检查力度，完善责任追究机制，切实提高依法行政水平。一是各级机关事务主管部门要会同同级发展改革、财政、审计、监察等部门，落实责任分工，健全监督检查机制，完善责任追究制度，加强对机关运行经费、资产和服务管理的监督检查，加大对违法行为的处理力度，做到用权受监督、违法必追究。二是积极拓展监督渠道，改进监督方式，充分发挥社会舆论和新闻媒体的监督作用，建立健全社会举报的调查处理机制，及时回应社会关切，认真调查处理各种违法行为，确保《条例》能够顺利贯彻执行。

三、认真抓好《条例》的贯彻实施工作

《条例》的贯彻实施既是当前的一项重要工作，也是今后的一项长期任务。各级机关事务管理部门要统一思想，认清形势，明确任务，落实责任，切实加强组织领导和统筹协调，确保《条例》得到全面贯彻落实。

第一，要增强法律意识，提高贯彻实施《条例》的自觉性。《条例》作为国务院公布的行政法规，具有不容置疑的权威性、不可动摇的强制性和普遍适用的广泛性。所有政府机关工作人员，特别是机关事务管理人员都要提高贯彻实施《条例》的自觉性，增强法律权威意识、法律程序意识和法律责任意识，牢固树立法律至上、规则至上的理念。任何单位和个人，都不能以任何理由和借口，拒不遵守《条例》，或者在执行过程中打折扣、搞变通；更不能因为领导意志、部门利益而规避或者违反《条例》的相关规定，要努力营造依法办事、自觉维护法律权威的良好氛围。

第二，要增强主体意识，提高贯彻实施《条例》的主动性。《条例》的出台体现了党中央、国务院加强政府自身建设的坚强决心。各级机关事务管理人员，一方面要增强主体意识，提高工作的积极性和主动性，带头深入学习，全面掌握《条例》的内容和实质，认真履行《条例》规定的责任和义务，严格执行有关管理规定；另一方面要坚持适度的原则，充分认识《条例》是规范机关内部事项而不是规范社会大众事项的行政法规，要继续发扬默默无闻、甘于奉献的工

作作风，少说多做，低调务实地抓好贯彻实施工作。

第三，要增强合作意识，提高贯彻实施《条例》的协调性。机关事务工作是一项复杂的系统工程，涉及多个部门的权责分工。《条例》对有关机关事务管理部门的责任义务作了规定。各级机关事务主管部门要进一步增强合作意识，注重统筹兼顾，加强协同配合，主动加强与同级发展改革、财政、国土资源、住房城乡建设、监察和审计等部门的沟通协调，通过联席会议、信息交流等形式，建立工作协调机制，努力形成互通情况、通力合作的工作格局。

第四，要增强战略意识，提高贯彻实施《条例》的前瞻性。贯彻实施《条例》是一项长期的任务。各级机关事务管理部门要增强战略意识，树立长远眼光，加强前瞻性研究，统筹机关事务工作改革发展全局，并根据《条例》确定的基本原则、改革目标、主要任务和工作要求，科学制定本地区、本部门机关事务工作的改革发展规划，明确各个阶段的目标任务、工作措施和责任分工，扎扎实实地贯彻实施好这部《条例》。

（本文为国务院副秘书长、国务院机关事务管理局局长焦焕成2012年9月6日在学习贯彻《机关事务管理条例》工作会议上的讲话）

目　录

第一部分　机关事务管理条例

第二部分　《机关事务管理条例》释义

第一章　总则

第三部分 附录

第一部分 机关事务管理条例

机关事务管理条例

中华人民共和国国务院令

第 621 号

《机关事务管理条例》已经 2012 年 6 月 13 日国务院第 208 次常务会议通过，现予公布，自 2012 年 10 月 1 日起施行。

总 理 温家宝

二〇一二年六月二十八日

第一章 总 则

第一条 为了加强机关事务管理，规范机关事务工作，保障机关正常运行，降低机关运行成本，建设节约型机关，制定本条例。

第二条 各级人民政府及其部门的机关事务管理活动适用本条例。

第三条 县级以上人民政府应当推进本级政府机关事务的统一管理，建立健全管理制度和标准，统筹配置资源。

政府各部门应当对本部门的机关事务实行集中管理，执行机关事务管理制度和标准。

第四条 国务院机关事务主管部门负责拟订有关机关事务管理的规章制度，指导下级政府公务用车、公务接待、公共机构节约能源资源等工作，主管中央国家机关的机关事务工作。

县级以上地方人民政府机关事务主管部门指导下级政府有关机关事务工作，主管本级政府的机关事务工作。

第五条 县级以上人民政府应当加强对本级政府各部门和下级政府的机关事务工作的监督检查，及时纠正违法违纪行为。

县级以上人民政府发展改革、财政、审计、监察等部门和机关事务主管部门应当根据职责分工，依照有关法律、法规的规定，加强对机关运行经费、资产和服务管理工作的监督检查；接到对违反机关事务管理制度、标准行为的举报，应当及时依法调查处理。

第六条 机关事务工作应当遵循保障公务、厉行节约、务实高效、公开透明的原则。

第七条 各级人民政府应当依照国家有关政府信息公开的规定建立健全机关运行经费公开制度，定期公布公务接待费、公务用车购置和运行费、因公出国（境）费等机关运行经费的预算和决算情况。

第八条 各级人民政府应当推进机关后勤服务、公务用车和公务接待服务等工作的社会化改革，建立健全相关管理制度。

第二章 经费管理

第九条 各级人民政府及其部门应当加强机关运行经费管理，提高资金使用效益。

本条例所称机关运行经费，是指为保障机关运行用于购买货物和服务的各项资金。

第十条 县级以上人民政府机关事务主管部门应当根据机关运行的基本需求，结合机关事务管理实际，制定实物定额和服务标准。

县级以上人民政府财政部门应当根据实物定额和服务标准，参考有关货物和服务的市场价格，组织制定机关运行经费预算支出定额标准和有关开支标准。

第十一条 县级以上人民政府财政部门应当根据预算支出定额标准，结合本级政府各部门的工作职责、性质和特点，按照总额控制、从严从紧的原则，采取定员定额方式编制机关运行经费预算。

第十二条 县级以上人民政府应当将公务接待费、公务用车购置和运行费、因公出国（境）费纳入预算管理，严格控制公务接待费、公务用车购置和运行费、因公出国（境）费在机关运行经费预算总额中的规模和比例。

政府各部门应当根据工作需要和机关运行经费预算制定公务接待费、公务用车购置和运行费、因公出国（境）费支出计划，不得挪用其他预算资金用于公务接待、公务用车购置和运行或者因公出国（境）。

3

第十三条　县级以上人民政府机关事务主管部门按照规定，结合本级政府机关事务管理实际情况，统一组织实施本级政府机关的办公用房建设和维修、公务用车配备更新、后勤服务等事务的，经费管理按照国家预算管理规定执行。

第十四条　政府各部门应当依照有关政府采购的法律、法规和规定采购机关运行所需货物和服务；需要招标投标的，应当遵守有关招标投标的法律、法规和规定。

政府各部门应当采购经济适用的货物，不得采购奢侈品、超标准的服务或者购建豪华办公用房。

第十五条　政府各部门采购纳入集中采购目录由政府集中采购机构采购的项目，不得违反规定自行采购或者以化整为零等方式规避政府集中采购。

政府集中采购机构应当建立健全管理制度，缩短采购周期，提高采购效率，降低采购成本，保证采购质量。政府集中采购货物和服务的价格应当低于相同货物和服务的市场平均价格。

第十六条　县级以上人民政府应当建立健全机关运行经费支出统计报告和绩效考评制度，组织开展机关运行成本统计、分析、评价等工作。

第三章　资产管理

第十七条　县级以上人民政府机关事务主管部门按照职责分工，制定和组织实施机关资产管理的具体制度，并接受财政等有关部门的指导和监督。

第十八条 县级以上人民政府应当根据有关机关资产管理的规定、经济社会发展水平、节能环保要求和机关运行的基本需求，结合机关事务管理实际，分类制定机关资产配置标准，确定资产数量、价格、性能和最低使用年限。政府各部门应当根据机关资产配置标准编制本部门的资产配置计划。

第十九条 政府各部门应当完善机关资产使用管理制度，建立健全资产账卡和使用档案，定期清查盘点，保证资产安全完整，提高使用效益。

政府各部门的闲置资产应当由本级政府统一调剂使用或者采取公开拍卖等方式处置，处置收益应当上缴国库。

第二十条 县级以上人民政府应当对本级政府机关用地实行统一管理。城镇总体规划、详细规划应当统筹考虑政府机关用地布局和空间安排的需要。

县级以上人民政府机关事务主管部门应当统筹安排机关用地，集约节约利用土地。

对政府机关新增用地需求，县级以上人民政府国土资源主管部门应当严格审核，并依照有关土地管理的法律、法规和规定办理用地手续。

第二十一条 县级以上人民政府应当建立健全机关办公用房管理制度，对本级政府机关办公用房实行统一调配、统一权属登记；具备条件的，可以对本级政府机关办公用房实行统一建设。

政府各部门办公用房的建设和维修应当严格执行政府机关办公用房建设、维修标准，符合简朴实用、节能环保、安全保密等要求；办公用房的使用和维护应当严格执行政府机关办公用房物业服务标准。

第二十二条 政府各部门超过核定面积的办公用房，因办公用房新建、调整和机构撤销腾退的办公用房，应当由本级政府及时收回，统一调剂使用。

各级人民政府及其部门的工作人员退休或者调离的，其办公用房应当由原单位及时收回，调剂使用。

第二十三条 政府各部门不得出租、出借办公用房或者改变办公用房使用功能；未经本级人民政府批准，不得租用办公用房。

第二十四条 国务院机关事务主管部门会同有关部门拟订公务用车配备使用管理办法，定期发布政府公务用车选用车型目录，负责中央国家机关公务用车管理工作。执法执勤类公务用车配备使用管理的具体规定，由国务院财政部门会同有关部门制定。

县级以上地方人民政府公务用车主管部门负责本级政府公务用车管理工作，指导和监督下级政府公务用车管理工作。

第二十五条 政府各部门应当严格执行公务用车编制和配备标准，建立健全公务用车配备更新管理制度，不得超编制、超标准配备公务用车或者超标准租用车辆，不得为公务用车增加高档配置或者豪华内饰，不得借用、占用下级单位和其他单位的车辆，不得接受企业事业单位和个人捐赠的车辆。

第二十六条 政府各部门应当对公务用车实行集中管理、统一调度，并建立健全公务用车使用登记和统计报告制度。

政府各部门应当对公务用车的油耗和维修保养费用实行单车核算。

第四章 服务管理

第二十七条 县级以上人民政府机关事务主管部门应当制定统一的机关后勤服务管理制度，确定机关后勤服务项目和标准，加强对本级政府各部门后勤服务工作的指导和监督，合理配置和节约使用后勤服务资源。

政府各部门应当建立健全本部门后勤服务管理制度，不得超出规定的项目和标准提供后勤服务。

第二十八条 各级人民政府应当按照简化礼仪、务实节俭的原则管理和规范公务接待工作。

国务院机关事务主管部门负责拟订政府机关公务接待的相关制度和中央国家机关公务接待标准。县级以上地方人民政府应当结合本地实际，确定公务接待的范围和标准。政府各部门和公务接待管理机构应当严格执行公务接待制度和标准。

县级以上地方人民政府公务接待管理机构负责管理本级政府公务接待工作，指导下级政府公务接待工作。

第二十九条 各级人民政府及其部门应当加强会议管理，控制会议数量、规模和会期，充分利用机关内部场所和电视电话、网络视频等方式召开会议，节省会议开支。

第三十条 政府各部门应当执行有关因公出国（境）的规定，对本部门工作人员因公出国（境）的事由、内容、必要性和日程安排进行审查，控制因公出国（境）团组和人员数量、在国（境）外停留时间，不得安排与本部门业务工作无关的考察和培训。

第五章 法律责任

第三十一条 违反本条例规定，接到对违反机关事务管理制度、标准行为的举报不及时依法调查处理的，由上级机关责令改正；情节严重的，由任免机关或者监察机关对责任人员依法给予处分。

第三十二条 违反本条例规定，有下列情形之一的，由上级机关责令改正，并由任免机关或者监察机关对责任人员给予警告处分；情节较重的，给予记过或者记大过处分；情节严重的，给予降级或者撤职处分：

（一）超预算、超标准开支公务接待费、公务用车购置和运行费、因公出国（境）费，或者挪用其他预算资金用于公务接待、公务用车购置和运行、因公出国（境）的；

（二）采购奢侈品、超标准的服务或者购建豪华办公用房的；

（三）出租、出借办公用房，改变办公用房使用功能，或者擅自租用办公用房的；

（四）超编制、超标准配备公务用车或者超标准租用车辆，或者为公务用车增加高档配置、豪华内饰，或者借用、占用下级单位、其他单位车辆，或者接受企业事业单位、个人捐赠车辆的；

（五）超出规定的项目或者标准提供后勤服务的；

（六）安排与本部门业务工作无关的出国（境）考察或者培训的。

第三十三条 机关事务管理人员在机关事务管理活动中滥用职权、玩忽职守、徇私舞弊或者贪污受贿的，依法给予处分；构成犯罪的，依法追究刑事责任。

第六章 附 则

第三十四条 其他国家机关和有关人民团体的机关事务管理活动，参照本条例执行。

第三十五条 本条例自 2012 年 10 月 1 日起施行。

Regulations on Administration of Government Offices

Adopted at the 208th Executive Meeting of the State Council on June 13, 2012, promulgated by Decree No. 621 of the State Council of the People's Republic of China on June 28, 2012, and effective as of October 1, 2012

Chapter I   General Provisions

Article 1   These Regulations are formulated for the purpose of strengthening the administration of government offices, regulating the work relating to government offices, ensuring the normal operation of government agencies, reducing their operating costs and making them savings oriented.

Article 2   These Regulations apply to the activities of the administration of government offices of people's governments at all levels and their departments.

Article 3   People's governments at or above the county level shall promote unified administration of their government offices, establish and strengthen the systems and standards therefor, and coordinate the overall allocation of resources.

All the government departments shall carry out centralized administration of their government offices and implement the systems and standards for administering government offices.

Article 4   The competent department of the State Council for the administration of government offices shall be responsible for drawing up rules and regulations for the administration of government offices, guide the work of the governments at lower levels concerning official motor vehicles, official receptions and entertainment, and the conservation of energy and resources in public institutions, and be in charge of the work relating to the government offices of the central government agencies.

The competent departments of local people's governments at or above the county level for the administration of government offices shall guide the work relating to government offices of the governments at lower levels, and be in charge of the work relating to the government offices of the governments at their respective levels.

Article 5   People's governments at or above the county level shall strengthen the supervision and inspection of the work relating to government offices of their departments and the governments at lower levels, and promptly rectify acts that violate the law or discipline.

The departments of people's governments at or above the county level for development and reform, finance, auditing, supervision, etc. and for the administration of government offices shall, in line with the division of functions and duties, strengthen the supervision and inspection of the administration of government offices with respect to their operational funds, assets and services in accordance with the provisions of relevant laws and regulations; they shall, upon receiving reports concerning acts that violate the systems and standards for administering government offices, promptly investigate and deal with the cases in accordance with law.

Article 6 The work relating to government offices shall abide by the principles of ensuring the accomplishment of official business, the enforcement of austerity and frugality, practicality and efficiency, and openness and transparency.

Article 7 People's governments at all levels shall establish and strengthen a system for public disclosure of the operational funds of government agencies in accordance with the provisions of the State concerning the disclosure of government information, and publish at regular intervals the budgets and final accounts of the operational funds earmarked for official receptions and entertainment, the purchase and operation of official motor vehicles, and overseas trips on official business.

Article 8 People's governments at all levels shall promote reforms geared towards outsourcing the logistic services for government agencies, the servicing of official motor vehicles and the services related to official receptions and entertainment to non – governmental service providers, and establish and strengthen a related system.

Chapter II Funds Management

Article 9 People's governments at all levels and their departments shall strengthen the management of their operational funds and raise the efficiency of use of the funds.

The term "operational funds of government agencies" in these Regulations refers to all funds used to purchase goods and services to ensure the operation of government agencies.

Article 10　The competent departments of people's governments at or above the county level for the administration of government offices shall set quotas for goods and standards for services in light of the basic operating needs of government agencies and the actual conditions of the administration of government offices.

The finance departments of people's governments at or above the county level shall arrange to set budget expenditure quota standards and relevant expenditure standards for the operational funds of government agencies on the basis of the quotas for goods and the standards for services and with reference to the market prices of goods and services.

Article 11　The finance departments of people's governments at or above the county level shall draw up budgets for the operational funds of government agencies in accordance with the budget expenditure quota standards by using the method of personnel and expenditure quotas in light of the functions and duties, the nature and characteristics of all the government departments at their respective levels, while adhering to the principle of strictly and tightly controlling the total amounts.

Article 12　People's governments at or above the county level shall place expenditures for official receptions and entertainment, the purchase and operation of official motor vehicles, and overseas trips on official business under budget management and strictly control their scale and proportions in the budgets for the operational funds of government agencies.

All the government departments shall plan their expenditures for official receptions and entertainment, the purchase and operation of official motor vehicles, and overseas trips on official business on the basis of their work requirements and the budgets for their operational funds, and they may not divert other budgeted funds to cover the expenses for official receptions and entertainment, the purchase and operation of official motor vehicles and overseas trips on official business.

Article 13 Where, in accordance with the provisions and in light of the actual conditions of the administration of government offices, the competent departments of people's governments at or above the county level for the administration of government offices arrange for the construction and maintenance of office buildings, allocation and replacement of official motor vehicles, and logistic services for the government agencies at their respective levels in a unified way, the funds shall be managed in accordance with the provisions of the State on budget management.

Article 14 All the government departments shall purchase goods and services required for their operation in accordance with the laws, regulations and provisions on government procurement; bid invitations and bidding, if required, shall be conducted in accordance with the laws, regulations and provisions on bid invitations and bidding.

All the government departments shall purchase economical goods that meet their actual needs, and they may not purchase luxury goods and services that exceed the standards, or purchase or build deluxe office spaces.

Article 15   Where government departments purchase items on the centralized procurement list, which are required to be purchased through the centralized government procurement bodies, they may not purchase them on their own in violation of the provisions or circumvent centralized procurement by breaking a sizable purchase into a number of smaller ones.

Centralized government procurement bodies shall establish and strengthen a management system, shorten their procurement cycles, increase procurement efficiency, decrease purchasing costs, and ensure the quality of items purchased. The prices paid for centralized purchases of goods and services shall be lower than the average market prices of the same goods and services.

Article 16   People's governments at or above the county level shall establish and strengthen a system for reporting the expenditure statistics of the operational funds of government agencies and the performance evaluation, and organize the work of statistics, analysis and evaluation of the operating costs of government agencies.

Chapter III   Assets Management

Article 17   The competent departments of people's governments at or above the county level for the administration of government offices shall formulate and organize the implementation of the specific system for managing the assets of government agencies in line with the division of functions and duties, and accept the guidance and supervision of the finance departments and other relevant departments.

Article 18 In accordance with the provisions on the management of the assets of government agencies, the level of economic and social development, the requirement to conserve energy and protect the environment, and the basic operating needs of government agencies, people's governments at or above the county level shall, in light of the actual conditions of the administration of government offices, formulate standards for the assets allocated to government agencies on the basis of their types, and determine the quantities, prices, performance and minimum life cycles of these assets. All the government departments shall formulate plans for the allocation of assets in their respective government departments in accordance with the standards for the assets allocated.

Article 19 All the government departments shall improve a system for managing the use of their assets, establish complete asset ledgers and records of the use, and take inventory on a regular basis to ensure that the assets are safe and intact and raise the efficiency of use.

Idle assets of government departments shall be reallocated for use in a unified way by the governments at their respective levels or be disposed of by such means as public auction, and the proceeds therefrom shall be turned over to the State treasury.

Article 20 People's governments at or above the county level shall carry out unified management of the land used by their government agencies. The overall and detailed plans of cities and towns shall give overall consideration to the land layout and space arrangements of government agencies.

The competent departments of people's governments at or above the county level for the administration of government offices shall coordinate the use of land by government agencies and have the land used in an intensive and economical way.

Where a government agency needs additional land, the competent land and resources department of the people's government at or above the county level shall strictly examine the case and verify the need, and handle all the formalities for land use in accordance with the laws, regulations and provisions on land administration.

Article 21 People's governments at or above the county level shall establish and strengthen a system for the management of the office buildings used by government agencies for official business, and carry out unified allocation of space and unified registration of ownership of their office buildings; where conditions permit, they may build office buildings for their government agencies in a unified way.

The construction and maintenance of office buildings of all the government departments shall be carried out in strict accordance with the standards for the construction and maintenance of office buildings of government agencies and in conformity with the requirements of simplicity, utility, energy conservation, environmental protection, security and secrecy; the use and maintenance of office buildings shall be carried out in strict accordance with the property service standards for office buildings of government agencies.

Article 22   The office spaces of government departments in excess of the approved areas and the office spaces that are left unused as a result of the construction or allocation of new office spaces, or abolition of institutions shall be repossessed by the governments at their respective levels in time for unified reallocation.

When employees retire or are transferred to other units, people's governments at all levels or their departments shall repossess in time the office spaces they have used and reallocate accordingly.

Article 23   All the government departments may not lease or lend office spaces or change their functions, and they may not rent office spaces without the approval of the governments at their respective levels.

Article 24   The competent department of the State Council for the administration of government offices shall, in conjunction with the relevant departments, formulate measures for the administration of the allocation and use of official motor vehicles, publish a list of vehicle models approved for official use at regular intervals, and be responsible for the work of managing official motor vehicles used by the central government agencies. The specific provisions for the administration of the allocation and use of official motor vehicles for law enforcement and official duty purposes shall be formulated by the finance department of the State Council in conjunction with the relevant departments.

The competent departments of local people's governments at or above the county level in charge of official motor vehicles shall be responsible for the work of managing official motor vehicles used by the governments at their respective levels, and guiding and supervising the work of managing official motor vehicles used by the governments at lower levels.

Article 25   All the government departments shall strictly enforce the vehicle fleet sizes and the standards for the possession of official motor vehicles, and establish and strengthen a system for managing the possession and replacement of official motor vehicles, and they may not possess more official motor vehicles than those allocated or vehicles that exceed the standards, or rent vehicles that exceed the standards. They may not equip their official motor vehicles with luxury accessories or luxury interior decoration. They may not borrow or commandeer vehicles from the subordinate offices or from other organizations. They may not accept donations of vehicles from enterprises, institutions or individuals.

Article 26   All the government departments shall carry out centralized management and unified dispatching of official motor vehicles, and establish and strengthen a system for registering the use of official motor vehicles and preparing statistical reports thereon.

All the government departments shall carry out individual vehicle accounting in terms of gas consumption and maintenance and repair expenses of official motor vehicles.

Chapter Ⅳ   Service Management

Article 27   The competent departments of people's governments at or above the county level for the administration of government offices shall establish a unified system for the management of logistic services for government agencies, determine the items and standards for logistic services, strengthen the guidance and supervision of the work of logistic services for all the government departments at their respective levels, and rationally allocate and economize on the use of the logistic service resources.

All the government departments shall establish and strengthen a system for managing their own logistic services, and they may not provide logistic services beyond the specified items and standards.

Article 28 People's governments at all levels shall manage and standardize official receptions and entertainment on the basis of the principles of simplifying ceremonies and being pragmatic and frugal.

The competent department of the State Council for the administration of government offices shall be responsible for formulating a system of government agencies for official receptions and entertainment and the standards for official receptions and entertainment held by the central government agencies. Local people's governments at or above the county level shall determine the scope and standards for official receptions and entertainment in light of their actual local conditions. All the government departments including the institutions in charge of official receptions and entertainment shall strictly enforce the system and standards for official receptions and entertainment.

The institutions of local people's governments at or above the county level in charge of official receptions and entertainment shall be responsible for managing the work relating to official receptions and entertainment of the governments at their respective levels and guiding the work relating to official receptions and entertainment of the governments at lower levels.

Article 29　People's governments at all levels and their departments shall strengthen the administration of meetings and control the number, scale and duration of meetings, and they shall make full use of their internal venues and their videophones and network video equipment in holding meetings to save conferencing costs.

Article 30　All the government departments shall enforce the rules on overseas trips on official business, examine the reasons, contents, necessity and program arrangements for such overseas trips by their own employees, and control the number of groups and individuals going abroad on official business and the duration of their stays abroad, and they may not arrange study tours or training programs that are by no means related to the official business of their departments.

Chapter V　Legal Liability

Article 31　Where a government department, in violation of the provisions of these Regulations, fails to promptly and in accordance with law investigate and deal with a report concerning an act that violates the systems and standards for administering government offices, its superior department shall order it to make corrections; if the circumstances are serious, the organ for appointments and removals or the supervisory organ shall give sanctions to the responsible persons in accordance with law.

Article 32 Where a government department violates the provisions of these Regulations in one of the following circumstances, its superior department shall order it to make corrections, and the organ of appointments and removals or the supervisory organ shall give a warning to the responsible persons; if the circumstances are relatively serious, the said organ shall enter a demerit or a serious demerit on their personal records; if the circumstances are serious, the said organ shall demote them or remove them from office:

(1) incurring expenses for official receptions and entertainment, the purchase and operation of official motor vehicles, or overseas trips on official business in excess of the budgeted amounts or the standards, or diverting other budgeted funds to cover the expenses for official receptions and entertainment, the purchase and operation of official motor vehicles, or overseas trips on official business;

(2) purchasing luxury goods or services that exceed the standards, or purchasing or building deluxe office spaces;

(3) leasing or lending its office spaces, changing the functions of its office spaces or renting office spaces without approval;

(4) possessing more official motor vehicles than those allocated or vehicles that exceed the standards, or renting vehicles that exceed the standards, or equipping its official motor vehicles with luxury accessories or luxury interior decoration, or borrowing or commandeering vehicles from the subordinate offices or from other organizations, or accepting donations of vehicles from enterprises, institutions or individuals;

(5) providing logistic services beyond the specified items and standards; or

(6) arranging overseas study tours or training programs that are by no means related to the official business of the department.

Article 33　Persons responsible for administering government offices who abuse their powers, neglect their duties, commit illegalities for personal gain, engage in embezzlement or accept bribes in the course of performing their activities of administering government offices shall be given sanctions in accordance with law; if a crime is constituted, criminal liability shall be investigated for in accordance with law.

Chapter VI　Supplementary Provisions

Article 34　The activities of administering the government offices of other State organs and the relevant people's organizations shall be governed with reference to these Regulations.

Article 35　These Regulations shall be effective as of October 1, 2012.

第二部分　《机关事务管理条例》释义

绪　　论

　　《机关事务管理条例》（以下简称《条例》）经 2012 年 6 月 13 日国务院第 208 次常务会议通过，6 月 28 日温家宝总理签署国务院令第 621 号予以公布，自 2012 年 10 月 1 日起施行。《条例》的公布施行，是我国机关事务工作改革发展进程中的一件大事。认真贯彻实施《条例》，对于加强机关事务管理，规范机关事务工作，保障机关正常运行，降低机关运行成本，建设节约型机关，推动机关事务工作科学发展，具有重要意义。

　　本《条例》所称机关事务，是指对保障机关正常运行所需经费、资产和服务等的管理事项以及有关服务事项。机关事务管理则是对机关事务进行的计划、组织、协调、控制等行政活动。在工作实践中，机关事务工作主要包括财务经费、办公用房、机关用地、公务用车、综合事务等管理以及政府采购、节约能源资源、后勤服务等事项。

一、制定《条例》的背景

党中央、国务院历来高度重视机关事务工作，要求不断加强和改进机关事务管理，提高法制化水平，更好地为党和国家中心工作服务。2004 年 11 月 9 日，温家宝总理在接见全国机关事务工作协会第三次会员代表大会代表时强调，"要完善管理制度，用严格的制度加强和改善机关事务管理工作，使机关事务管理工作逐步走上规范化和法制化的轨道"。2011 年 11 月 18 日，李克强副总理在接见中央和国家机关事务工作先进集体先进工作者表彰大会代表时指出，要"促进管理科学化、保障法制化，为机关高效运转服好务，进而为经济社会管理服好务，为人民群众服好务"。

（一）制定《条例》是加强政府自身建设、提高行政效能的必然要求。政府工作包括政务和事务工作。政府通过事务工作为政务工作提供有力保障。为使各级政府及其部门集中精力做好政务工作，提高行政效能，更好地从事公共管理和公共服务，有必要制定一部行政法规，进一步规范和加强机关事务管理，提高服务保障水平，保证政务工作顺利开展，促进政务工作更好地为经济社会发展和人民群众服务。

（二）制定《条例》是降低机关运行成本、建设节约型机关的必然要求。机关事务工作涉及的机关运行经费、办公用房、机关用地、公务用车、公务接待、后勤服务等管理事项，与机关运行成本密切相关。通过制定行政法规，确定机关事务管理的基本原则和制度，加强机关运行经费、资产和服务管理，规范机关工作人员相关行为，既是贯彻落实党中央、国务院关于厉行节约、反对奢侈浪费要求的重要举措，也是降低机关运行成本、建设节约型机关的有效途径。

（三）制定《条例》是回应社会关切、密切党群干群关系的必然要求。随着政务公开的深入推进，人民群众对政府工作，诸如公务接待、公务用车和因公出国（境）活动及其经费（即"三公经费"）的使用管理等问题高度关注，对规范政府自身行为、降低机关运行成本的期望越来越高。在近年的全国人大和政协会议上，人大代表和政协委员多次提出厉行节约、加强政府自身建设、加快机关事务立法的建议和提案，呼吁尽快制定机关事务管理专门法规，依法加强机关事务管理。

（四）制定《条例》是依法行政、提高机关事务管理水平的必然要求。改革开放以来，随着依法治国方略的稳步实施和法治政府建设的积极推进，特别是依法行政的深入开展，要求进一步加强机关事务法制建设，制定专门的行政法规，将分散在法律、法规中有关机关事务管理的内容集中起来，将有关政策文件和制度办法中的成熟规定上升为法规条文，进一步加强和规范机关事务工作，切实提高管理水平。

二、起草《条例》的过程

2004年6月，国务院机关事务管理局（以下简称国管局）启动了《条例》的起草工作。收集整理了国内有关法规制度，对中央国家机关和各省（区、市）人民政府机关事务管理情况进行了调研。组织翻译了美国、俄罗斯等 8 个国家的机关事务管理法律资料。2006年 10 月，国管局申报立法计划，国务院将《条例》列为 2007 至 2009年立法计划二档项目，2010 至 2012 年一档项目。在调查研究并形成20 多个专题报告的基础上，国管局起草了《条例》文稿并反复修改完善。先后组织召开了 5 次专家咨询会和论证会，分别邀请全国人大常委会法工委、社科院、北京大学、清华大学、中国人民大学、中国政法大学的专家学者进行了咨询和论证。2009 年 4 月以来，国管局、国务院法制办先后 3 次将《条例》文稿印送各省（区、市）人民政府及中央和国家机关各部门征求意见，并于 2011 年 11 月 21 日在中国政府法制信息网公开征求社会各界的意见。同时，加强与中央编办、发展改革委、财政部、国土资源部、住房城乡建设部等部门的沟通协调。2012 年 5 月，国务院法制办将《条例（草案）》印送中央编办、中央财办、发展改革委、财政部等 9 部门复核后报送国务院，国务院常务会议于 2012 年 6 月 13 日审议通过。

三、《条例》的结构和主要内容

《条例》共六章三十五条。第一章总则（第一至八条）主要对立法目的、适用范围、管理体制、基本原则等作了规定。第二章经费管理（第九至十六条）主要对机关运行经费定义、实物定额和服务标准、预算编制、相关制度标准及政府采购等作了规定。第三章资产管理（第十七至二十六条）主要对机关资产配置、使用、处置及机关用地、办公用房、公务用车等重点资产管理作了规定。第四章服务管理（第二十七至三十条）主要对机关后勤服务、公务接待、会议和因公出国（境）管理作了规定。第五章法律责任（第三十一至三十三条）主要对违反《条例》的行为规定了相应法律责任。第六章附则（第三十四、三十五条）主要对参照执行范围和施行日期作了规定。

《条例》主要规定了七个方面的内容：一是明确了立法宗旨。即加强机关事务管理，规范机关事务工作，保障机关正常运行，降低机关运行成本，建设节约型机关。二是明确了建立统一集中的机关事务管理体制。要求县级以上人民政府应当推进本级政府机关事务的统一管理；政府各部门应当对本部门的机关事务实行集中管理；县级以上人民政府机关事务主管部门指导下级政府有关机关事务工作，主管本级政府的机关事务工作。三是明确了机关事务工作的基本原则。规定机关事务工作应当遵循保障公务、厉行节约、务实高效、公开透明的原则。四是明确了机关事务管理的重点。将机关运行经费、资产和服务管理作为重点进行了规范，提出了具体管理要求。五是强调要建立具体明确的管理制度和标准。在机关运行经费管理方面，要求建立健全机关运行经费公开、支出统计报告和绩效考评制度，以及机关运行实物定额和服务标准、机关运行经费预算支出定额和有关开支标准等；在资产管理方面，要求建立健全机关资产、办公用房和公务用车配备使用管理制度，以及机关资产配置标准、机关办公用房建设维修和物业服务标准等；在服务管理方面，要求建立健全机关后勤服务管理、公务接待管理制度，以及机关后勤服务项目及标准、公务接待标准等。六是重申了社会化的改革方向。要求各级人民政府应当推进机关后勤服务、公务用车和公务接待服务等工作的社会化改革。七是明确了监督检查和法律责任。规定了县级以上人民政府及其发展改革、财政、审计、监察等部门和机关事务主管部门对机关事务工作的监督检查职责，以及接到举报不及时依法调查处理、政府各部门及其工作人员违反《条例》相关规定和机关事务管理人员违法应当追究的相关责任。

　　需要说明的是，《条例》作为行政法规，对机关运行经费、资产和服务管理三项重点工作进行了规范。对公共机构节约能源资源管理工作，因《公共机构节能条例》作了详细规定，《条例》未作重复规定。在工作实践中，机关事务工作还包括机关公务人员住房制度改革、住房资金管理、人民防空工作、社会事务管理以及有关重大活动、重要会议的总务工作等，出于规范共性内容及逻辑结构的考虑，《条例》对此没有作出规定。

第一章　总　　则

第一条　为了加强机关事务管理，规范机关事务工作，保障机关正常运行，降低机关运行成本，建设节约型机关，制定本条例。

【条文主旨】　　本条是关于立法目的的规定。

【释义】

根据工作实际，《条例》从以下五个方面，阐明了立法目的。

一、加强机关事务管理

在深入推进依法行政、加强法治政府建设的新形势下，机关事务管理作为政府管理工作的重要组成部分，必须以法律、法规作为开展工作的主要依据，才能确保管理活动的规范性和权威性。《条例》把加强管理作为首要目的，就是要在法律、法规层面，建立健全机关运行经费、办公用房、公务用车、公务接待等方面的制度标准，明确机关事务工作的行为规范，使机关事务管理部门及其工作人员依法履行工作职责，进一步提高管理水平。

二、规范机关事务工作

新中国成立以来，我国机关事务管理已经形成了相对完善的制度和标准体系，对规范机关事务工作发挥了积极作用。但是由于这些制度和标准是通过部门规章或者规范性文件等形式确立的，其权威性、约束力与法律、法规相比还有一定的差距。通过制定《条例》，确立机关事务管理的基本原则和基本制度，明确工作要求，使机关事务管理活动做到遵循有原则、执行有制度、操作有标准，进一步提高规范化、制度化水平。

三、保障机关正常运行

机关正常运行有赖于必要的经费、资产和服务保障。经费是机关正常运行的基本前提，资产是机关正常运行的物质基础，服务是机关正常运行的必要条件。《条例》明确机关正常运行所需的经费、资产和服务的范围，设定有关制度和标准，提出管理、保障和服务工作要求，确保所提供的服务保障既必要充分，又节约适度，体现了为大局和中心工作服务的宗旨。

四、降低机关运行成本

机关运行成本是政府机关履行职能过程中消耗的各类资源的价值总和。近年来，随着政府承担的社会管理、公共服务等职能任务的增加，机关运行成本呈攀升趋势，引起了社会的关注。《条例》从降低机关运行成本的目的出发，明确规定机关运行经费、资产和服务管理要立足保障机关运行的基本需求，严格控制机关运行经费预算特别是"三公经费"支出，采购经济适用的货物，节约使用后勤服务资源，压缩行政经费开支，减少能源资源消耗，降低机关运行成本。

五、建设节约型机关

建设节约型机关是建设节约型社会的重要方面和加强政府自身建设的重要内容，要求合理配置和利用机关人力、财力、物力资源，用尽可能少的资源消耗获得最大的管理和服务效益。《条例》以建设节约型机关为主线，将实践中行之有效的制度和做法以行政法规的形式固定下来，从体制机制、主要内容、基本原则、工作要求和法律责任等方面，明确了相关要求，有利于更好地推动节约型机关建设。

> **第二条** 各级人民政府及其部门的机关事务管理活动适用本条例。

【条文主旨】 本条是关于适用范围的规定。

【释义】

各级人民政府是指中华人民共和国国务院和地方各级人民政府。中华人民共和国国务院，即中央人民政府，是最高国家权力机关的执行机关，是最高国家行政机关；地方各级人民政府是地方各级国家权力机关的执行机关，是地方各级国家行政机关，包括省（自治区、直辖市），市（地、州、盟），县（市、区、旗），乡（民族乡、镇）人民政府。各级人民政府部门是指国务院部门和地方各级人民政府部门。国务院部门，包括国务院办公厅、组成部门、直属特设机构、直属机构、办事机构、直属事业单位和部委管理的国家局。地方各级人民政府根据工作需要，按照精简、统一、效能的原则，设立必要的工作部门，这类工作部门在省、自治区一般称厅、局、委员会，在直辖市称局、委员会，在市（地、州、盟）、县（市、区、旗）称局、委员会，乡（民族乡、镇）一般不设立独立部门。

按照本条规定，各级人民政府及其部门都应当依据《条例》的规定开展机关事务管理活动。此外，《条例》采取依照执行和参照执行相结合的方法，由本条和第三十四条共同规定了适用范围。全面、准确地理解《条例》的适用范围，应当将本条和第三十四条的规定结合起来。

> 　　**第三条**　　县级以上人民政府应当推进本级政府机关事务的统一管理，建立健全管理制度和标准，统筹配置资源。
>
> 　　政府各部门应当对本部门的机关事务实行集中管理，执行机关事务管理制度和标准。

【条文主旨】　　本条是关于机关事务统一集中管理体制的规定。

【释义】

一、县级以上人民政府对本级政府机关事务实行统一管理

目前，县级以上人民政府的机关事务管理现状不尽相同。中央国家机关的机关事务工作由国管局统一政策、制度和标准，实行统一规划和监管。县级以上地方人民政府的机关事务工作则是统一管理和分散管理并存，有的地方政府尚未设立专门机关事务主管部门，已设立机关事务主管部门的，在职能配置和权责关系等方面也存在较大差异。本条在总结实践经验的基础上，规定县级以上人民政府应当推进本级政府机关事务的统一管理。

推进本级政府机关事务的统一管理，有利于政府其他部门减少事务工作的压力，集中精力做好政务工作，更好地从事公共管理和公共服务；有利于统筹配置机关服务保障资源，节约使用财政资金，提高服务保障效益；有利于集中研究解决机关事务工作的共性和规律性问题，加快体制和制度创新，推进管理科学化、保障法制化和服务社会化进程。

县级以上人民政府推进本级政府机关事务的统一管理，主要有以下几层含义：一是按照行政管理体制改革的要求，根据"少机构、宽职能"的大部门体制改革的规定，县级以上人民政府应当明确一个部门主管本级机关的事务工作，避免一件事情多头管理，政出多门。二是由机关事务主管部门统一制定本级机关事务工作的发展规划、政策制度和标准体系，指导和监督各部门的机关事务工作。三是由机关事务主管部门统筹配置本级机关的服务保障资源，实行均等保障，避免苦乐不均和相互攀比。此外，实行集中办公的，由机关事务主管部门负责统一管理办公区内各部门的办公用房、公务用车、政府采购、后勤服务等工作。

二、政府各部门对本部门机关事务实行集中管理

目前，中央国家机关少数部门设置了专门内设机构（如行政司或保障局）负责本部门的机关事务管理，多数部门的机关事务分散在办公厅（室）、财务司和机关服务局（中心）等单位管理。地方政府各部门机关事务管理机构的设置情况与政府部门的办公模式有关，实行集中办公的，一般由机关事务主管部门对办公区内各部门的机关事务实行统一管理；未实行集中办公的，多数部门在内部设立机关事务工作机构，但其机构性质、隶属关系、职责范围等差别较大，并存在多

头管理的现象。这种状况导致了管理制度和服务标准不统一，影响了管理水平、保障效率和服务质量。本条结合实际，提出了政府各部门对本部门的机关事务实行集中管理的要求。

政府各部门对本部门机关事务实行集中管理的具体含义是：政府各部门应当坚持政务事务分开、管办分离的原则，将本部门机关事务管理工作集中交由部门内部的机关事务管理机构承担，理顺管理体制机制，执行统一的制度和标准，使部门内部其他工作机构减少事务工作的压力，集中精力做好政务工作。在集中办公区办公的部门，可以将其机关事务管理工作集中交由同级机关事务主管部门承担，进一步提高管理专业化和科学化水平。

> 第四条　国务院机关事务主管部门负责拟订有关机关事务管理的规章制度，指导下级政府公务用车、公务接待、公共机构节约能源资源等工作，主管中央国家机关的机关事务工作。
>
> 县级以上地方人民政府机关事务主管部门指导下级政府有关机关事务工作，主管本级政府的机关事务工作。

【条文主旨】　本条是关于机关事务主管部门管理职责和业务指导关系的规定。

【释义】

一、县级以上人民政府机关事务主管部门的职责

（一）国务院机关事务主管部门的主要职责。本条规定，国务院机关事务主管部门负责拟订有关机关事务管理规章制度，主管中央国家机关的机关事务工作。建立完善的机关事务工作政策和法规制度体系，统一机关事务工作的政策、制度、标准和要求，对进一步加强和规范机关事务管理十分重要。国管局作为国务院机关事务主管部门，一方面，要大力加强机关事务的宏观管理，制定机关事务工作的政策、发展规划和工作计划，拟订机关事务管理的政策法规并组织实施。另一方面，要按照部门"三定"的规定，认真履行主管中央国家机关的机关事务工作的职责，提高管理科学化、保障法制化和服务社会化水平。

（二）县级以上地方人民政府机关事务主管部门的主要职责。依照《条例》规定，县级以上地方政府机关事务主管部门要结合实际，积极履行以下管理职能：一是在经费管理方面，制定机关运行的实物定额和服务标准，负责本级政府机关的办公用房建设维修、公务用车配备更新、后勤服务等有关经费的管理，配合同级财政部门开展机关运行经费管理的相关工作。二是在资产管理方面，分类制定机关资产配置标准，抓好资产配置、使用和处置等环节的管理，承担政府各部门办公用房和土地、公务用车的管理工作。三是在服务管理方面，负责制定机关后勤服务管理制度，指导和监督各部门后勤服务工作，开

展后勤服务社会化改革；做好公务接待和会议管理等工作。此外，可以根据本地区实际，按照有关规定，承担本级人民政府赋予的政府集中采购、公务员住房制度改革、社会事务管理等职责。

二、机关事务管理系统业务指导关系

在工作实践中，国务院机关事务主管部门履行了指导政府机关公务用车管理、公务接待管理和公共机构节约能源资源管理等职责。在公务用车管理方面，2011 年中共中央办公厅、国务院办公厅印发了《党政机关公务用车配备使用管理办法》，规定党政机关公务用车主管部门负责本级党政机关公务用车管理工作，指导监督下级党政机关公务用车管理工作。在公务接待方面，国管局"三定"明确规定负责"拟订政府机关国内公务接待的相关制度和标准"。在公共机构节约能源资源工作方面，《公共机构节能条例》规定，国务院管理机关事务工作的机构负责推进、指导、协调、监督全国的公共机构节能工作。2010 年，经中央编办批准，国管局设立了公共机构节能管理司，承担全国公共机构节约能源资源管理工作。此外，部分省市机关事务主管部门也履行了机关事务工作的指导职能。比如，山东省省级机关事务管理局负责指导全省机关事务工作；上海市人民政府机关事务管理局被赋予对该市机关事务工作进行宏观管理的职责等。

本条在总结实践经验的基础上，依据有关法律、法规和政策文件，明确规定国务院机关事务主管部门指导下级政府公务用车、公务接待、公共机构节约能源资源等工作，县级以上地方人民政府机关事务主管部门指导下级政府有关机关事务工作，进一步明确了机关事务管理系统的业务指导关系。需要注意的是，除以上三项业务外，上级机关事务主管部门指导下级政府其他有关机关事务工作的范围，要结合当地实际来确定。

上级机关事务主管部门可以通过下列方式对下级政府有关机关事务工作进行指导：一是研究拟订有关机关事务工作的法律法规、规划计划、政策制度并组织实施；二是研究制定有关机关事务工作的改革方案和措施，指导下级改革工作；三是组织开展机关事务工作情况和相关数据的统计、核实和上报；四是听取下级机关事务主管部门的工作汇报，开展督导和检查工作；五是组织调研活动，研究解决共性和规律性问题，等等。

第五条　县级以上人民政府应当加强对本级政府各部门和下级政府的机关事务工作的监督检查，及时纠正违法违纪行为。

县级以上人民政府发展改革、财政、审计、监察等部门和机关事务主管部门应当根据职责分工，依照有关法律、法规的规定，加强对机关运行经费、资产和服务管理工作的监督检查；接到对违反机关事务管理制度、标准行为的举报，应当及时依法调查处理。

【条文主旨】　本条是关于对机关事务工作进行监督检查的规定。

【释义】

一、县级以上人民政府的监督检查

本条规定县级以上人民政府对其所属各部门和下级政府的机关事务工作实施监督检查，即上级行政机关对下级行政机关的机关事务工作实施监督检查。依照《中华人民共和国宪法》规定，县级以上人民政府领导所属各工作部门和下级政府的工作，可以改变或者撤销本级政府各部门和下级政府作出的不适当的决定、命令，及时纠正违法违纪行为。机关事务管理涉及方方面面，政治性、政策性、经济性和综合性较强，县级以上人民政府应当加强对本级政府各部门和下级政府的机关事务工作的监督检查，及时纠正在机关运行经费、资产和服务管理等工作中的违法违纪行为，强化责任追究，督促整改落实，确保各项制度和标准得到严格执行。

县级以上人民政府对本级政府各部门和下级政府机关事务工作进行监督检查，可以由机关事务主管部门依据职责单独组织实施；也可以会同同级发展改革、财政、审计、监察等部门组成工作组，进行监督检查。

二、政府职能部门的监督检查

本条规定了县级以上人民政府发展改革、财政、审计、监察等部门和机关事务主管部门的监督检查职责。

（一）发展改革和财政部门的监督检查。发展改革和财政部门对机关事务工作的监督检查，属于职能监督。发展改革部门对机关事务工作中的办公用房建设和维修、公共机构节约能源资源等工作，进行监督检查。财政部门对机关运行经费，包括公务接待费、公务用车购置和运行费、因公出国（境）费、政府集中采购等方面负有监督职责。

（二）审计和监察部门的监督检查。审计和监察部门对机关事务工作的监督检查，属于专门监督。依照《中华人民共和国宪法》和《中华人民共和国审计法》的有关规定，审计机关应当对国务院各部门和地方各级人民政府及其部门机关事务工作中的财政、财务收支的真实、合法和效益情况，依法进行审计监督。监察部门依照《中华人民共和国宪法》和《中华人民共和国行政监察法》等法律、法规，根据工作职责和管理权限实施行政监察，有权对机关事务工作中的执法、廉政、效能等情况进行监督检查。

（三）机关事务主管部门的监督检查。机关事务主管部门的监督检查，属于主管监督。县级以上人民政府机关事务主管部门根据工作职责，依照有关法律、法规的规定，有权对本级政府各部门的机关运行经费、资产和服务管理等工作以及下级政府的机关事务工作进行监督检查。

（四）其他职能部门的监督检查。国土资源、住房城乡建设等部门对于机关事务工作中的土地使用、项目规划、工程建设等事项，负有监督检查的职责。国土资源部门对机关用地规划、机关土地利用等方面的违法违规行为，住房城乡建设部门对机关工程建设项目中的规划、立项、建设和维修改造等方面的违法违规行为，应当根据各自职责权限进行监督检查。

此外，根据本条规定，发展改革、财政、审计、监察等部门和机关事务主管部门接到有关对违反机关事务管理制度、标准行为的举报，应当根据职责分工，依照相关法律、法规的规定及时进行调查处理，或者向其上级机关以及有关部门提出处理建议。

第六条　机关事务工作应当遵循保障公务、厉行节约、务实高效、公开透明的原则。

【条文主旨】　本条是关于机关事务工作基本原则的规定。

【释义】

本条明确将保障公务、厉行节约、务实高效、公开透明作为机关事务工作的基本原则，反映了机关事务工作的客观规律，是对机关事务工作不同层次、不同方面的指导性要求。

一、保障公务的原则

保障公务是机关事务工作的根本目标，主要是指为保障机关正常运行、公务人员履行职责提供必要而充分的物质条件、技术支撑和后勤服务。为党和国家中心工作服务是机关事务工作的根本宗旨。各级人民政府通过各种类型的公务活动推动经济社会发展，机关事务主管部门为这些公务活动提供保障，就是为党和国家中心工作服务，就是践行机关事务工作的根本宗旨。因此，《条例》把保障公务作为基本原则的第一条，突出强调其对机关事务工作的重要性。

二、厉行节约的原则

厉行节约是机关事务工作的根本方针。厉行节约，主要是指在为保障机关正常运行提供经费、资产和服务保障的过程中，合理利用和配置各种资源，用尽可能小的资源消耗取得最大的管理和服务保障效益。机关事务主管部门管钱、管物、管资产，能否管好用好这些资金、资产，关系到政府的运行效能和行政成本，关系到机关的廉政建设，因此，必须始终坚持这一基本原则。

三、务实高效的原则

务实高效，主要是指机关事务主管部门根据当地经济社会发展水平、部门工作性质和职责，实事求是地确定机关运行经费、资产和服务保障的标准和水平；及时迅速、优质高效地为机关正常运行和公务活动提供有力保障。务实高效既是对机关事务工作的基本要求，也是检验机关事务工作成效的重要标志。

四、公开透明的原则

行政法律制度上的公开透明是指国家行政机关某种活动或者行为的过程和结果的公开，其本质是对公众的知情权、参与权、表达权和监督权的保护。本条所称公开透明，主要是指依据相关法律、法规，将机关事务工作有关事项在一定范围、依照一定程序进行公开。坚持公开透明原则，是依法规范管理机关事务工作、自觉接受监督的客观要求。

> 第七条　各级人民政府应当依照国家有关政府信息公开的规定建立健全机关运行经费公开制度，定期公布公务接待费、公务用车购置和运行费、因公出国（境）费等机关运行经费的预算和决算情况。

【条文主旨】　本条是关于机关运行经费公开的规定。

【释义】

《中华人民共和国政府信息公开条例》实施以来，各级政府及其部门按照要求，稳步推进财政预决算和机关运行经费公开工作。2009年，经全国人大审查批准的中央财政收入、中央财政支出、中央本级支出、中央对地方税收返还和转移支付等4张中央财政预算表向社会公开。2010 年，经全国人大审查批准的中央财政预算 12 张表全部公开，75 个中央部门公开了部门预算；17 个省（区、市）公开了本地区公共财政预算和政府性基金预算。2011 年，经全国人大审查批准的中央财政预算表及预算编制说明全部向社会公开，92 个中央部门公开了部门预算，98 个中央部门公开了"三公经费"的年度预算和决算支出；27 个省（区、市）公开了本地区公共财政预算和政府性基金预算，其中 20 个省（区、市）公开了省直部门的部门预算，部分地区还向社会专项公开了"三公经费"的预决算情况。2012 年 7 月 19 日，90 多家中央部门集中在本部门官方网站公开了 2011 年部门决算及"三公经费"使用情况，首次公开了行政经费使用情况，细化了"三公经费"的解释说明，公开了车辆购置数量及保有量、因公出国（境）团组数量以及人数、公务接待等情况。同时，各省（区、市）政府也在制订"三公经费"公开时间表，逐步实现省级政府全面公开"三公经费"，指导督促省级以下政府及其部门加快"三公经费"公开的步伐。

本条总结实践经验，借鉴有关法律、法规的规定，对机关运行经费公开提出了明确要求。依照本条规定，各级人民政府是机关运行经费公开工作的责任主体，应当按照政府信息公开的有关规定，建立健全机关运行经费公开制度，明确公开的原则、程序、内容、方式、时限等事项，定期公布公务接待费、公务用车购置和运行费、因公出国（境）费等机关运行经费的预算和决算情况。各级人民政府要进一步细化机关运行经费公开科目的内容，加强数据分析，完善解释说明，提高公开质量；同时，要充分发挥政府网站信息公开第一平台的作用，方便公众查询和监督。

第八条 各级人民政府应当推进机关后勤服务、公务用车和公务接待服务等工作的社会化改革，建立健全相关管理制度。

【条文主旨】 本条是关于机关后勤服务社会化的规定。

【释义】

本《条例》所称机关后勤服务，是指为保障机关正常运行组织提供的必要劳务。机关后勤服务是机关事务的组成部分。随着我国经济社会快速发展，特别是服务业的发展，推进机关后勤服务社会化，实现机关后勤服务由内部自我服务为主向主要由社会提供服务转变，进一步降低机关服务成本，势在必行。

公务用车和公务接待服务的社会化是机关后勤服务社会化的重要组成部分。本条将公务用车和公务接待服务社会化改革与机关后勤服务社会化改革并列提出，目的是为了进一步强调这两项工作。

一、机关后勤服务社会化改革

1983 年中央书记处第 70 次会议提出机关后勤服务社会化改革的

方向，确立了分三步走的改革思路。1989 年，中央编办、国管局《关于中央国家机关后勤体制改革的意见》提出了机关后勤体制改革的主要内容，明确了改革的目标之一是实现后勤服务社会化。1993 年，中央编办、国管局《关于印发〈国务院各部门后勤机构改革实施意见〉的通知》，进一步明确了机关后勤体制改革的方向、原则和主要内容。1998 年国务院办公厅转发国管局、中央编办《关于深化国务院各部门机关后勤体制改革的意见》，提出加强宏观管理，统一制度和标准，建立健全机关后勤服务费用结算制度的要求。2007 年国务院《关于加快发展服务业的若干意见》提出，继续推进政府机关后勤服务、配套服务改革，推动由内部自我服务为主向主要由社会提供服务转变。2011 年，国家"十二五"规划提出，"深化机关事业单位后勤服务社会化改革"。经过 30 多年的改革探索，目前，我国机关后勤服务社会化水平稳步提高，中央国家机关后勤服务项目外包率由"十一五"前期的 32% 提高到 2011 年的 49%；特别是通过建立健全机关后勤服务费用结算制度，共享和优化机关后勤服务资源，减少了各级财政的投入，降低了机关运行成本。

本条立足工作实际，总结机关后勤服务社会化改革的经验，规定各级人民政府应当推进机关后勤服务社会化改革。需要注意的是，机关后勤服务社会化改革，是指对机关内部的后勤服务事项的社会化改革；后勤服务的管理事项是行政职能，不能实行社会化。

推进机关后勤服务社会化改革，要把握以下几点：第一，要坚持管理和服务两个职能分开，区分机关后勤行政管理职能和服务职能，坚持分类改革、分步实施的原则，逐步将机关后勤管理职能划归行政机构或者转由行政机构承担，机关后勤服务经营单位逐步转制为企业，实现政事分开、管办分离。第二，要采取多种形式组织提供后勤服务。根据各地区、各部门实际情况，在安全保密的前提下，通过合同外包、委托管理等方式，实现机关后勤服务主要由社会服务组织提供。第三，要建立健全机关后勤服务经费供给机制。根据后勤服务标准及其经费预算支出定额标准和有关开支标准，建立健全机关购买后勤服务所需经费的动态调整机制，确保经费供给水平与经济社会发展水平相适应。

二、公务用车服务改革

20 世纪 90 年代末以来，一些中央部门和地方政府积极探索公务用车服务改革，有的从制度层面入手，取消公务用车（执法执勤等特殊车除外），实行货币化改革，向公务人员发放交通补贴，公务交通由个人自行解决；有的从服务方式入手，实行集中统一管理，保留或整合现有公务用车，成立专门的公务用车服务机构或者出租汽车公司，保障机关公务需要；有的从强化管理入手，加强规范化管理，通过单车核算、节假日封存停驶、安装 GPS 等方式加强监控与管理。其中，市场化和社会化的改革探索，取得了积极成效。近年来，随着经济社会快速发展，城市公共交通体系日益完善，小轿车进入家庭，私车普及率显著提高，公务用车服务社会化改革的客观条件已经成熟。本条在总结实践经验的基础上，提出了推进公务用车服务社会化的改革方向和要求。

推进公务用车服务的社会化改革，要注重顶层设计，从制度层面入手，建立健全符合机关运行需要的公务用车制度。2011年3月，温家宝总理在国务院第四次廉政工作会议上提出要推进公务用车制度改革，制定中央国家机关公务用车制度改革方案。国务院批转发展改革委《关于2012年深化经济体制改革重点工作的意见》明确指出，要"提出推进公务用车制度改革的指导意见，适时出台中央和国家机关公务用车制度改革方案"。各级人民政府要按照制度创新与保障公务相结合、深化改革与积极稳妥相结合、统一部署与分步实施相结合的原则，坚持市场化、社会化的改革方向，积极稳妥地推进公务用车制度改革，构建与行政管理体制改革相适应、满足机关正常运行需要的公务用车管理制度和公务交通保障体系，进一步提高公务用车服务的社会化水平。

三、公务接待服务社会化改革

国内公务是指出席会议、考察调研、学习交流、检查指导、请示汇报工作等公务活动。公务接待是党政机关对公务活动中的来访者举行的迎送、接洽和招待等活动。公务接待服务是公务接待中的服务性事项，主要包括对公务接待对象提供的交通、餐饮、住宿等服务事项。公务接待服务社会化改革，是对公务接待中部分服务事项的社会化改革。近年来，各地区、各部门在推进公务接待服务改革方面进行了积极探索，逐渐形成了用市场配置服务资源的方法。2006年中共中央办公厅、国务院办公厅印发的《党政机关国内公务接待管理规定》对推进公务接待服务社会化改革提出了要求，明确规定机关事务管理和接待部门应当加强对预算执行的管理，整合已有接待服务设施，利用社会服务资源，避免浪费和重复建设。

公务接待服务社会化改革主要有两个方向：一是政府机关自办接待服务单位的社会化改革，即政府机关自身所办、主要用于接待的宾馆、饭店、招待所、会议中心等接待服务单位，要打破封闭服务模式，由只服务政府机关转向也为社会提供服务；有条件的要转制为企业，减轻对政府机关经费保障的依赖，实现可持续发展。二是利用社会服务资源提供公务接待服务。与政府机关自办接待服务单位相比，社会服务单位不仅市场化程度高，专业技能强，服务质量和效率好，而且服务成本相对较低，利用社会服务单位提供接待服务应当成为接待服务社会化改革的主要方向。比如，接待食宿服务可以通过社会招标采购定点接待饭店来提供；接待交通服务可以通过社会出租汽车公司来提供。

公务接待服务社会化改革应当符合下列要求：一是节约。接待服务社会化应当降低接待成本，实现花钱更少、服务更好的目的。二是便利。服务社会化应当以提高接待服务效率为准绳，不额外增加接待负担，为公务活动提供便利。三是合规。严格遵守财经纪律，不能通过服务社会化改革变相提高接待档次，或者转移套取财政资金。

第二章　经费管理

第九条　各级人民政府及其部门应当加强机关运行经费管理，提高资金使用效益。

本条例所称机关运行经费，是指为保障机关运行用于购买货物和服务的各项资金。

【条文主旨】　本条是关于机关运行经费定义的规定。

【释义】

按照本条规定，各级人民政府及其部门是机关运行经费管理的责任主体，任务是加强管理，目标是提高使用效益。

从支出目的和受益对象的角度看，政府机关的全部经费可以划分为两大类：机关运行经费和公共服务经费。机关运行经费是指为保障机关运行，用于购买货物（含工程）和服务的各项资金，支出目的是保障机关运行，受益对象是机关及其工作人员。公共服务经费是指机关履行公共管理和服务职能，向社会提供公共产品和公共服务所需的各项资金，支出目的是满足社会发展和社会公众的需要，受益对象是社会公众。机关运行经费与公共服务经费是两类性质和使用目的不同的经费。本《条例》规范的对象是机关事务管理工作，不涉及机关人事劳资管理，故本《条例》所称机关运行经费不包括人员经费支出。

按照现行政府支出功能分类科目，机关运行经费包括在行政运行、事业运行、离退休人员管理机构等科目中列支的、用于保障机关运行的基本支出；以及在一般行政管理事务、机关服务等科目中列支的、用于保障机关运行的项目支出。按照现行政府支出经济分类科目，机关运行经费包括用于保障机关运行的差旅费、会议费、因公出国（境）费、公务接待费、公务用车购置费、公务用车运行维护费、其他交通工具购置费、其他交通费用（含出租车费用）、水费、电费、办公用房购建费、办公用房大中修费、办公用房物业管理费、办公用房取暖费、办公设备和家具购置费、维修（护）费、租赁费、办公费、邮电费、印刷费、劳务费、咨询费、手续费等。

准确理解和把握机关运行经费的内涵，要注意以下两点：

一是《条例》在起草和征求意见的过程中，有的建议参照《中华人民共和国政府采购法》，将机关运行经费定义为购买货物、工程和服务的各项资金。但是，依照国际政府采购通行规则和《政府采购协定》（GPA）的规定，政府采购分为货物和服务采购两类，工程类涵盖在货物和服务之中。因此，我们采取了目前这种表述方法。

二是机关运行经费定义中购买货物和服务的各项资金，包括为保障机关运行用于购建工程的各项资金。办公用房等机关运行工程类支出具有金额大、周期长的特点，在机关运行经费中占有较大比重，决定和影响着办公用房的物业管理和维修维护支出，是机关运行经费支出的重要组成部分。

第十条　县级以上人民政府机关事务主管部门应当根据机关运行的基本需求，结合机关事务管理实际，制定实物定额和服务标准。

县级以上人民政府财政部门应当根据实物定额和服务标准，参考有关货物和服务的市场价格，组织制定机关运行经费预算支出定额标准和有关开支标准。

【条文主旨】　本条是关于机关运行实物定额和服务标准、经费预算支出定额标准和有关开支标准的规定。

【释义】

机关运行经费支出的结果是形成实物或者取得服务。对机关运行经费实行标准化、规范化管理，关键要制定机关运行实物定额和服务标准，并据此制定机关运行经费预算支出定额标准和有关开支标准。

一、定额和标准的含义

机关运行实物定额是指保障机关运行所需的有形物品（包括动产和不动产）的数量标准，同时也涵盖质量、技术等标准。机关运行实物定额主要包括办公用房、公务用车、办公设备、办公家具等保障机关运行所需实物的数量、质量、技术等标准。如办公用房的面积、办公设备和办公家具的数量与技术参数等。

机关运行服务标准是指保障机关运行所需服务的内容和等级标准。机关运行服务标准主要包括会议、差旅、培训、物业服务等保障机关运行所需服务的内容和等级标准。如机关工作人员出差乘坐的飞机机舱等级、火车软硬席、轮船舱位等标准，都属于服务标准。

机关运行经费预算支出定额标准是指编制机关运行经费预算使用的具体金额标准，通常表现为某类实物或服务的"价格"。本条使用"机关运行经费预算支出定额标准"这一概念，与《中华人民共和国预算法修正案（草案)》保持了一致。

机关运行经费开支标准是指机关运行经费开支的具体金额标准上限，类似于某类实物或服务可以接受的最高价格。如会议费开支标准是会议费支出每人每天的最高限额。

二、制定定额和标准的要求

本条将县级以上人民政府机关事务主管部门作为制定机关运行实物

定额和服务标准的责任主体。机关事务主管部门的职责是保障机关正常运行，掌握各机关运行的实际情况，由其作为制定机关运行实物定额和服务标准的责任主体，既是现实需要，也是客观必然。

本条规定县级以上人民政府财政部门是制定机关运行经费预算支出定额标准和有关开支标准的责任主体。根据《中华人民共和国预算法》和财政部"三定"规定，财政部门是财政经费预算的主管部门，因此应当由财政部门会同机关事务主管部门等，组织制定机关运行经费预算支出定额标准和有关开支标准。

机关运行实物定额和服务标准、机关运行经费预算支出定额和开支标准的制定，具有严格的先后顺序关系。机关运行实物定额和服务标准是制定机关运行经费预算支出定额和有关开支标准的前提和依据。财政部门应当根据机关事务主管部门制定的机关运行实物定额和服务标准，参考机关运行所需实物和服务的市场价格，组织制定机关运行经费预算支出定额标准和有关开支标准，作为编制机关运行经费预算的重要依据，以此保证预算编制的科学性和可操作性。如现行中央国家机关和事业单位的差旅费预算支出定额标准和经费开支标准，就是根据差旅服务标准的内容和等级，参考服务项目的市场价格，由国管局会同财政部，按照中等偏低的要求测算并制定的。

制定机关运行实物定额和服务标准、机关运行经费预算支出定额标准和有关开支标准，要注意以下几个方面：一是遵守国家有关规定，结合当地经济社会发展水平和服务价格，制定实物定额、服务标准和预算支出定额标准等。二是根据机关运行的基本需求，在保障公务的前提下，按照务实、节约、适度的原则制定定额和标准，不能贪大求洋，铺张浪费。三是根据机关运行所涉及的项目，分层次、分系统地制定定额和标准，形成完整的定额和标准体系。四是参照机关运行所需货物和服务的质量技术、市场价格变动等情况，调整和修订定额和标准，实行动态管理，确保定额和标准的科学性和操作性。

> 第十一条 县级以上人民政府财政部门应当根据预算支出定额标准，结合本级政府各部门的工作职责、性质和特点，按照总额控制、从严从紧的原则，采取定员定额方式编制机关运行经费预算。

【条文主旨】 本条是关于机关运行经费预算编制的规定。

【释义】

在 2000 年部门预算改革之前，政府机关运行的经费预算主要在"行政管理费"功能预算中编列，能在一定程度上反映政府机关运行支出的整体情况。部门预算改革后，实行"一个部门一本预算"，机关运行经费分散在各个部门预算的诸多科目中，甚至一些项目支出也可以列支机关运行经费，导致难以完整清晰地掌握一个部门的机关运行经费支出总额、具体结构和支出效果，也无法反映机关运行经费支出的总额和结构。因此，编制专门的机关运行经费预算，完整清晰地反映一个地区、一级政府及其部门的机关运行经费支出总体情况，具有现实必要性和紧迫性。

按照现行预算管理体制，财政部门是财政经费预算的主管部门。因此，本条将财政部门作为机关运行经费预算的编制主体。考虑到经费预算编制的区域统一性和协调性，结合"乡财县管"改革的实际情况，本条规定，由县级以上人民政府财政部门负责组织编制机关运行经费预算，机关运行经费预算的编制应当以机关运行经费预算支出定额标准为依据。

为了保证机关运行经费预算的科学性和针对性，编制各部门机关运行经费预算，要根据总额控制、从严从紧的原则，充分考虑工作职责、性质和特点，采取定员定额的方式；要对各部门进行合理分类，不能搞平均主义和"一刀切"。比如，根据工作职责的不同，可以将政府部门大致划分为决策部门、执行部门和监督部门。决策部门的会议费、培训费等调查研究性质的机关运行经费预算相对较多，执行部门的交通费、差旅费等贯彻落实性质的机关运行经费预算相对较多，而监督检查部门的差旅费、邮电费、印刷费等联系检查性质的机关运行经费预算则相对较多。需要注意的是，定员定额方式主要适用于机关运行经费预算中的基本支出预算，不适用于由机关事务主管部门统一组织实施的机关运行的项目支出预算。

第十二条 县级以上人民政府应当将公务接待费、公务用车购置和运行费、因公出国（境）费纳入预算管理，严格控制公务接待费、公务用车购置和运行费、因公出国（境）费在机关运行经费预算总额中的规模和比例。

政府各部门应当根据工作需要和机关运行经费预算制定公务接待费、公务用车购置和运行费、因公出国（境）费支出计划，不得挪用其他预算资金用于公务接待、公务用车购置和运行或者因公出国（境）。

【条文主旨】 本条是关于"三公经费"管理的规定。

【释义】

"三公经费"，是指用于公务接待、公务用车购置及运行和因公出国（境）等方面的支出。其中，公务接待费反映部门按照规定开支的各类公务接待支出；公务用车购置及运行费反映部门公务用车购置费及租用费、燃料费、维修费、过路过桥费、保险费等支出；因公出国（境）费反映部门工作人员公务出国（境）的住宿费、旅费、伙食补助费、杂费、培训费等支出。按照现行财务制度的规定，部门收入除财政拨款收入外，还包括事业收入、经营收入等。行政单位"三公经费"支出主要由财政拨款安排；事业单位"三公经费"支出除通过事业收入、经营收入列支外，财政拨款也安排一部分。

按照党中央、国务院关于厉行节约、反对奢侈浪费的工作要求，财政部会同国管局等有关部门采取措施，规范"三公经费"管理工作，取得了一定成效。但是在部分地区和部门，"三公经费"支出仍然存在一些问题，必须进一步加强管理。

按照本条规定，加强"三公经费"管理应当从以下几个方面进行：一是全部纳入预算管理。县级以上人民政府应当将"三公经费"纳入预算管理，即所有用于"三公消费"的资金都必须纳入预算，避免"三公经费"支出源头失控。二是实行规模和比例"双控"，即严格控制"三公经费"在机关运行经费预算总额中的规模和占比关系，这样既能有效遏制"三公经费"支出规模快速增长的态势，又能避免各地区、各部门相互攀比和苦乐不均，同时也有利于防止上级单位向下级单位转嫁"三公经费"的现象。三是严格支出计划管理。政府各部门是"三公经费"的支出主体和制定"三公经费"支出计划的责任主体，应当根据工作需要，制定"三公经费"支出计划，明确支出事由、支出项目、支出内容、支出进度、支出金额等事宜。四是严禁挪用其他预算资金。严禁政府各部门挪用其他预算资金用于公务接待、公务用车购置和运行或者因公出国（境），避免随意支出和奢侈浪费等问题。

> **第十三条** 县级以上人民政府机关事务主管部门按照规定，结合本级政府机关事务管理实际情况，统一组织实施本级政府机关的办公用房建设和维修、公务用车配备更新、后勤服务等事务的，经费管理按照国家预算管理规定执行。

【条文主旨】 本条是关于统一组织实施的机关事务所需经费的管理规定。

【释义】

改革开放以来特别是近年来，随着经济社会的发展，各地政府及其部门呈现集中办公的发展趋势，集中办公区内的事务工作也呈现由机关事务主管部门统一组织实施的发展趋势。比如，在中央国家机关，机关用地、办公用房建设和维修、公务用车配备更新以及国务院重要会议、国家重大活动的总务保障等事宜，均由国管局统一管理和组织实施。在地方政府，山西、辽宁、吉林、上海、山东、安徽、四川、重庆等省级机关的办公用房建设和维修、公务用车配备更新、公共机构节约能源资源等工作由省级机关事务主管部门统一组织实施。特别是实行集中办公的地方政府，如山东省泰安市、江西省南昌市，集中办公区内的所有机关事务均由本级机关事务主管部门统一负责组织实施，取得了明显的成效。

在工作实践中，中央和部分地方政府机关事务主管部门承担了统一组织实施的机关事务的经费管理工作。在中央国家机关，国管局承担了中央国家机关各部门办公用房建设、办公用房大中修及专项维修、公务用车配备更新等专项经费及国务院重要会议、国家重大活动等经费的管理工作。在地方政府，天津市机关事务管理局承担了市直机关有关行政、事业经费的管理工作；河北省省直机关事务管理局承担了省直统管住房和省直办公用房修缮经费、省直单位集中供热建设项目经费、省直公务用车购置经费的管理工作；黑龙江省省直机关事务管理局负责省直机关单位行政办公用房预算内相关经费和省直机关单位有关专项经费的管理工作；江苏省省级机关事务管理局承担省级机关办公用房大中修经费、公务用车购置和更新经费、住房维修经费等专项经费的管理工作，等等。

本条对县级以上人民政府机关事务主管部门统一组织实施本级政府机关的办公用房建设和维修、公务用车配备更新、后勤服务等事务的经费管理问题作了规定，即这一类经费应当执行国家预算管理规定，列入本级政府机关事务主管部门的部门预算，由机关事务主管部门负责管理。这种经费管理模式实现了"财权"和"事权"相匹配，有利于进一步提高机关事务工作的经济和社会效益。

准确理解本条的规定，要把握以下两点：一是本条规定的是一种情形，而非"一刀切"的硬性规定。在工作实践中，只有机关事务主管部门统一组织实施了有关机关事务的，才能将相应的经费列入机关事务主管部门的部门预算；如果机关事务由各部门分散管理，其相应经费还是列入各部门的预算。二是按照国家预算管理规定执行，是指除了按照《中华人民共和国预算法》等法律、法规的规定执行外，还要结合实际，执行本级政府制定的一些更具操作性的专项经费管理政策文件。如机关用地管理、公务用车购置与运行、办公用房建设以及大中修等经费的管理等，在中央国家机关，要按照国务院有关具体政策文件执行；在地方，要按照地方政府有关政策规定执行。

需要注意的是，依照有关法律、法规，所有机关运行经费的管理都要执行国家预算管理的有关规定。本条单独指明统一组织实施的机关事务的经费管理要按照国家预算管理的规定执行，目的是对这种情形作特别规定。

第十四条　政府各部门应当依照有关政府采购的法律、法规和规定采购机关运行所需货物和服务；需要招标投标的，应当遵守有关招标投标的法律、法规和规定。

政府各部门应当采购经济适用的货物，不得采购奢侈品、超标准的服务或者购建豪华办公用房。

【条文主旨】　本条是关于采购机关运行所需货物和服务的原则性规定和要求。

【释义】

《中华人民共和国政府采购法》第二条规定，政府采购是指各级国家机关、事业单位和团体组织，使用财政性资金采购依法制定的集中采购目录以内的或者采购限额标准以上的货物、工程和服务的行为。2002 年《中华人民共和国政府采购法》公布后，各地区、各部门认真贯彻实施，完善管理体制，创新制度和机制，政府采购的范围不断扩大，规模不断增加，方式不断创新，功能逐渐显现。实践证明，《中华人民共和国政府采购法》确立的政府采购管理基本制度，顺应了完善社会主义市场经济体制的要求，符合行政管理体制改革的发展方向，是政府支出应该长期坚持的基本制度。

一、机关运行所需货物和服务应当实行政府采购

机关运行所需货物和服务的采购，属于《中华人民共和国政府采购法》约束和调整的范围，应当严格遵守政府采购和招标投标的法律、法规和规定。

《中华人民共和国政府采购法》和《中华人民共和国招标投标法》都是约束和调整公共采购行为的法律规范，但侧重点不同。政府采购主要针对货物和服务项目，招标投标主要针对建筑工程及其相关货物，相应地在适用范围、实施主体、组织形式等方面有所差异。具体而言，采购机关运行所需货物和服务，要依照《中华人民共和国政

府采购法》等政府采购的法律、法规和规定执行；实行招标采购的，也要依照《中华人民共和国政府采购法》等规定的招标投标程序进行。采购机关运行所需的工程及其相关货物，则要依照《中华人民共和国招标投标法》及其实施条例等法律、法规的规定进行。

二、机关运行所需货物和服务采购的具体要求

（一）严格遵守政府采购、招标投标的相关规定。一是依法选择采购方式。《中华人民共和国政府采购法》规定的采购方式，依次为公开招标、邀请招标、竞争性谈判、单一来源采购和询价。上述五种方式均有其适用的情形，应当严格按照顺序依次选择，不得主观随意。公开招标应当作为采购机关运行所需货物和服务的主要方式。二是规范采购程序。对于达到公开招标限额标准的，应当实行公开招标；因特殊情况不能公开招标的，应当报经同级财政部门批准。三是执行集中采购。对于纳入政府集中采购目录的商品和项目，应当委托政府集中采购机构组织实施，不得随意自行采购，也不得委托招标公司进行招投标。四是落实政策功能。机关运行所需货物和服务的采购，应当采购本国产品；确需采购进口原装产品的，应当经财政部门核准后，依法采购。同时，要严格执行强制采购节能产品、优先采购环保产品以及扶持中小企业发展等政策要求。

（二）坚持经济适用原则，不得超标准采购。政府各部门采购机关运行所需货物和服务，应当严格执行实物定额和服务标准以及资产

配置计划和标准，选择实用、耐用的货物，购买中低档次的服务，保证质量，价格合理，不得高价购买各类货物和服务，更不得采购奢侈品。政府各部门还要严格执行办公用房建设标准，不得购买或者建设豪华办公用房，坚决杜绝贪大求洋、盲目攀比等现象。

> 　　第十五条　政府各部门采购纳入集中采购目录由政府集中采购机构采购的项目，不得违反规定自行采购或者以化整为零等方式规避政府集中采购。
>
> 　　政府集中采购机构应当建立健全管理制度，缩短采购周期，提高采购效率，降低采购成本，保证采购质量。政府集中采购货物和服务的价格应当低于相同货物和服务的市场平均价格。

【条文主旨】　　本条是对政府集中采购活动和政府集中采购机构基本要求的规定。

【释义】

一、各部门应当按照规定实行政府集中采购

政府集中采购目录是实行政府集中采购的商品和项目范围的界定，依照《中华人民共和国政府采购法》第七条的规定，由省级以上人民政府公布，实行分级管理体制。属于中央预算的政府采购项目，集中采购目录由国务院确定并颁布；属于地方预算的政府采购项目，集中采购目录由省、自治区、直辖市人民政府或者其授权机构确定并颁布。在工作实践中，具体方式是由省级以上财政部门拟订集中采购目录，在征求政府集中采购机构等有关方面的意见后，报同级人民政府批准。从各地的情况看，许多通用产品和服务都纳入了政府集中采购目录，如计算机、打印机、办公家具、汽车、电梯、空调、装修工程、会议定点、汽车保险定点等。同时，按照《公共机构节能条例》的要求，将节能产品政府采购清单中属于强制采购的产品，也纳入了政府集中采购范围。有些地方还将关系国计民生、有利于发挥政府采购政策功能的项目，纳入政府集中采购目录，如种子、粮食、农机具和药品等。

依照《中华人民共和国政府采购法》第十八条规定，纳入集中采购目录的采购项目，必须委托集中采购机构实行集中采购。在具体工作中，政府各部门大都能按规定执行，但也有个别部门，未经批准自行采购，化整为零规避集中采购，或者故意压低采购项目规模、数量、技术含量、资金预算等关键性指标搞分散采购。针对这些问题，本条重申政府各部门采购纳入政府集中采购目录的项目，必须委托政府集中采购机构采购，不得违反规定自行采购或者以化整为零等方式规避政府集中采购。

二、对政府集中采购机构的工作要求

按照《中华人民共和国政府采购法》的规定，集中采购机构是非营利事业法人，根据采购人的委托办理采购事宜。政府集中采购机构与社会采购代理机构都是政府采购业务代理机构，但有诸多不同。政府集中采购机构是政府依法设立的非营利事业法人，其职责是组织实施政府集中采购目录内商品和项目的采购，与采购人之间是法定委托代理关系；社会采购代理机构是经国家工商行政管理部门登记注册、以营利为目的的企业组织，接受采购人委托，采购政府集中采购目录之外的商品和项目。本条对政府集中采购机构提出了五项工作要求：

（一）建立健全管理制度。重点是建立健全内部的监督管理制度，防止各种不规范行为特别是违法行为的发生。具体来讲，采购的决策和执行程序应当明确，并相互监督、相互制约。经办采购的人员与负责采购合同审核、验收人员的职责权限应当明确，并相互分离。

（二）缩短采购周期，提高采购效率。即采购次数要少，采购周期要短，按照委托协议，及时完成受托的采购项目，目的是满足采购人需要，保证采购人相关工作的开展。这项规定旨在促进集中采购机构加强内部管理，提高采购业务能力，增强采购的计划性和时效性。

（三）降低采购成本。由于多种原因，目前政府采购成本还有一定的下降空间。从途径上看，可以采取以下方式：一是进一步扩大政府集中采购规模和批量采购的实施范围，发挥规模优势。二是加强对政府采购方式的管理，凡采购金额达到限额标准以上、符合招标条件的项目都应该进行公开招标，任何单位和个人都不得化整为零或者以其他方式规避招标。三是推行电子化集中采购。完善电子采购系统功能，发布采购信息，宣传采购政策，提供标书下载等多种服务，实行网上竞价、网上投标、网上签署合同，有效降低采购成本。

（四）保证采购质量。采购质量是对采购对象的规格、性能、安全等方面的要求，不仅指采购的货物和服务质量，还包括售后服务水平。保证采购质量，要求集中采购机构准确掌握采购人的需求，确定科学的评标标准，配合采购人强化检验和验收工作，协助采购人把好质量关。

（五）控制采购价格。政府集中采购货物和服务的价格应当低于市场平均价格。市场平均价格是采购货物或者服务的成本加上合理利润，既不是市场价格，也不能低于成本价。这就要求政府集中采购机构发挥规模优势，采用充分竞争的方式，获得规模效益，降低采购成本，充分体现政府采购在节约财政资金、提高资金使用效益方面的优势。

第十六条　县级以上人民政府应当建立健全机关运行经费支出统计报告和绩效考评制度，组织开展机关运行成本统计、分析、评价等工作。

【条文主旨】　本条是关于机关运行经费支出统计报告和绩效考评的规定。

【释义】

一、建立健全机关运行经费支出统计报告制度

开展机关运行经费支出统计和分析，完整、清晰、准确地掌握政府及其部门的机关运行经费预算及实际支出情况，是加强机关运行经费管理的重要手段。为了掌握中央国家机关运行经费支出情况，国管局于 2010 年在 13 个部门开展了机关运行成本统计报表试填工作，初步掌握了这些部门的机关运行经费支出情况，分析归纳了支出结构和存在的问题，对建立中央国家机关运行经费统计报告制度作了有益的探索。

本条规定，县级以上人民政府应当建立健全机关运行经费支出统计报告制度，组织开展机关运行成本统计和分析工作，从行政法规层面提出了统计和分析机关运行经费支出的任务。县级以上人民政府要分层级、分部门、分类别地定期、全面统计政府机关运行经费支出的预算金额、实际发生金额，深入分析支出结构和支出特点，完整准确地掌握实际情况，在此基础上进一步加强和改进机关运行经费管理工作。

二、建立健全机关运行经费支出绩效考评制度

机关运行经费支出绩效考评，是指根据设定的绩效目标，运用科学合理的评价指标、评价标准和评价方法，对机关运行经费支出的经

济性、合理性、效率性和效益性进行客观公正的评价。开展机关运行经费支出绩效考评，是建立高效透明政府的必然要求，是深化行政管理体制改革的重要内容，也是改进预算管理、节约财政资金的现实需要。近年来，我国在经费预算绩效考评方面开展了一些工作，至 2011 年，绝大多数中央一级部门已经纳入绩效评价试点的范围。广东省、上海市等部分地区也开展了项目支出绩效评价试点工作，积累了一定经验。

为了保证机关运行经费支出绩效考评的全面性、客观性和公正性，本条将县级以上人民政府作为机关运行经费支出绩效考评的责任主体，负责建立健全制度，组织开展分析评价工作。做好机关运行经费支出绩效考评，关键要建立一套科学有效的绩效评价指标体系，这套体系，既要有统一的、适用于所有部门的通用评价指标，也要有适用不同类别部门特点的附加指标；既要有综合性指标，也要有单项指标；既要有定性指标，也要有定量指标；既要有投入指标，也要有效果指标，等等。总之，要通过这些指标体系，全面揭示机关运行经费支出的情况、特点和趋势，对政府及其部门机关运行经费支出的合规性和效益性，作出完整、客观、准确的评价。

开展机关运行经费支出统计报告和绩效考评，有利于加强机关运行经费管理，控制机关运行各项开支；有利于提高财政资金使用效益，降低机关运行成本。今后，各级政府及其部门要建立健全机关运行经费支出统计报告和绩效考评制度，条件成熟时逐步向社会公开，进一步提高工作透明度。

第三章 资产管理

第十七条 县级以上人民政府机关事务主管部门按照职责分工，制定和组织实施机关资产管理的具体制度，并接受财政等有关部门的指导和监督。

【条文主旨】 本条是关于机关资产管理体制的规定。

【释义】

机关资产是指由各级机关占有、使用的，依法确认为国家所有，能以货币计量的各种经济资源的总称，包括固定资产、流动资产和无形资产等。从总体上看，各级机关事务主管部门大多都承担了机关资产管理职责。在中央国家机关，国管局负责中央行政事业单位国有资产管理工作，制定相关制度和办法，承担产权界定、清查登记、资产处置等工作。在地方政府，吉林、湖南、四川、深圳、厦门等地机关事务主管部门承担了办公用房、土地、公务用车、办公设备和家具等机关资产的购建、维修、调配、处置等任务。

建立完善的机关资产管理制度，是机关事务主管部门的重要职责。抓好机关资产管理制度建设，重点要把握以下几个方面：一是树立分类管理的理念。根据资产形态和性质，分别制定办公用房、土地、公务用车、办公设备和家具、文物和陈列品、软件等资产管理制度。二是体现不同环节的管理要求。资产配置环节要建立健全配置标准、配置计划、配置审批等制度；资产使用环节要建立健全建卡建账、领用退还、日常维护、调剂使用等制度；资产处置环节要建立健全处置审批、方式选择、处置收入管理等制度；统计评价环节要建立健全统计报告、绩效考评等制度。三是主动接受指导和监督。在制定和实施机关资产管理制度的过程中，各级机关事务主管部门要根据办公用房、机关用地等资产的不同类别，依照部门职责分工，主动接受发展改革、财政、国土资源等有关部门的指导和监督。

国管局自 2009 年以来组织开展了中央行政事业单位国有资产年度决算报告的编报工作，对各部门的国有资产决算报告进行了审核批复和汇总分析，较为全面地掌握了中央行政事业单位资产的总量、分布和增减变化情况，为进一步加强资产管理工作奠定了基础。

第十八条　县级以上人民政府应当根据有关机关资产管理的规定、经济社会发展水平、节能环保要求和机关运行的基本需求，结合机关事务管理实际，分类制定机关资产配置标准，确定资产数量、价格、性能和最低使用年限。政府各部门应当根据机关资产配置标准编制本部门的资产配置计划。

【条文主旨】　　本条是关于机关资产配置标准和配置计划的规定。

【释义】

一、县级以上人民政府分类制定资产配置标准

资产配置标准是指根据机构人员数量，结合岗位职责以及工作情况，在资产配置方面确定的上限标准，包含数量、技术性能、价格限额、使用年限等。在工作实践中，制定资产配置标准首先要制定保障机关正常运行的通用资产配置标准。通用资产是指为满足机关一般办公需要配备的固定资产，包括办公用房、公务用车、办公设备、办公家具等。目前，办公用房配备执行《党政机关办公用房建设标准》规定的面积标准，公务用车配备执行《党政机关公务用车配备使用管理办法》规定的编制、排气量和价格上限以及最低使用年限等标准。在办公设备和办公家具方面，国管局和一些地方政府根据实际，出台了相关标准，对配置数量、价格上限、技术规格、使用年限等作了规定，比如，《中央国家机关办公设备和办公家具配置标准（试行）》，

《湖北省省直行政事业单位通用设备及家具配置标准（试行)》等。

立足工作实践，本条规定县级以上人民政府制定机关资产配置标准。具体而言，县级以上人民政府可以授权本级机关事务主管部门，根据资产管理的规定、经济社会发展水平、节能环保要求和机关运行的基本需求，分类制定机关资产配置标准，明确资产数量、价格、性能和最低使用年限等要求（有条件的，还可以在此基础上增加其他要求)。制定资产配置标准要把握以下几个方面：

一是分类制定。行政单位履行职能所使用的资产共性较多，如办公用房、公务用车、办公家具、电子办公设备等，标准的制定相对便利。事业单位涉及行业众多，资产类型多样，应当考虑不同行业的特点，分类制定。

二是务实节俭。资产配置标准应当以满足机关运行的基本需求为原则。一方面，要杜绝不计成本，追求高标准、高档次，盲目增加配置数量和提高配置档次等行为。另一方面，要考虑部门和单位的工作性质和特点，满足办公、保密等客观需要。如有些部门工作保密性要求高，涉密计算机和外网计算机就应当分别配置。

三是合理可行。既要考虑现阶段资产使用的实际需求以及国家和地方的财力可能，处理好需求与可能的关系，确保标准的现实性和可行性。也要从实际出发，区分各自情况，为不同部门和单位保留必要的执行和操作空间，确保标准的针对性和有效性。

四是积极稳妥。资产配置标准涉及方方面面，情况复杂，在工作实践中很难做到一步到位和全面详尽。因此，可以先制定通用资产配置标准，再逐步制定专项资产配置标准。也可以先在部分单位试点，条件成熟后，再推广到其他部门和单位。

五是动态调整。随着形势和任务的变化，政府及其部门履职所需要的物质条件和技术手段也在不断变化，机关事务主管部门应当结合经济社会发展水平、国家政策导向、市场价格变化以及技术进步等因素，及时调整、修订资产配置标准。

二、政府各部门编制资产配置计划

资产配置计划是预算编制的基础，也是下一年度资产管理工作安排。做好配置计划有利于合理分配物力和财力，实现机关资产合理布局，为机关正常运行提供及时有力保障。本条规定政府各部门根据配置标准编制本部门资产配置计划，有以下几层含义：一是以存量定增量，主要依据是配置标准中的数量标准，配置后的资产存量不得超过规定的数量标准；二是配置计划的编制要充分考虑下一年度可能发生的资产处置事项，主要依据是配置标准中的最低使用年限；三是根据配置计划中的资产类别、性能、数量确定下一年度可能发生的资产配置预算，主要依据是配置标准中的价格标准。

编制资产配置计划，要坚持艰苦奋斗、厉行节约的原则，对于临时性、一次性活动所需配置的资产，应当主要采取租赁或者调剂的方式解决。

第十九条 政府各部门应当完善机关资产使用管理制度，建立健全资产账卡和使用档案，定期清查盘点，保证资产安全完整，提高使用效益。

政府各部门的闲置资产应当由本级政府统一调剂使用或者采取公开拍卖等方式处置，处置收益应当上缴国库。

【条文主旨】 本条是关于资产日常使用管理和闲置资产处置的规定。

【释义】

一、建立健全资产日常使用管理制度

本条规定，政府各部门应当根据县级以上人民政府机关事务主管部门制定的资产管理制度和国家有关规定，结合实际，建立健全部门内部资产日常使用管理具体办法，从制度上保证资产配置科学、使用高效、处置规范，防止国有资产流失。

资产日常使用管理制度主要包括以下内容：一是资产采购制度。在遵守政府采购和招标投标有关规定的前提下，还要加强请购、审批、合同订立、采购、验收、付款等环节的内部控制。二是资产入库登记制度。管理部门应当及时点验资产品种、规格、数量、价格，办理验收入库手续，严禁不经资产管理部门验收直接交付部门使用；验收入库后，要及时将单据送交财务部门进行账务处理。三是资产保管清查制度。资产管理部门要定期对资产进行清查盘点，库存类物资分类存放，做到数量清、质量明；定期与财务部门进行账目核对，做到账账相符、账卡相符、账实相符。四是资产领用交回制度。资产管理部门要制定资产领用工作程序，资产出库后，管理人员应当及时调整资产账卡信息，建立信息台账，明确资产的具体使用人员；工作人员离职或者退休的，应当及时交回所用资产。

二、加强闲置资产处置管理

提高资产使用效率，是资产日常使用管理工作的重要目标。加大闲置资产调剂力度，最大限度地发挥闲置资产使用效益，是提高资产使用效率的重要方面。本条规定，政府各部门的闲置资产应当由本级政府统一调剂使用。在工作实践中，政府可以授权机关事务主管部门调剂闲置资产，同时应当把握以下两点：一是内部优先调剂。凡机关闲置资产，应当在本部门、本系统内部优先调剂；在本部门、本系统内部无法调剂使用的，机关事务主管部门可以继续在管理范围内调剂，最大限度地发挥资产使用效益。二是行政手段为主。闲置资产内部调剂，应当服务和服从机关公务需要，由行政主管机构统筹考虑，统一调配。为了推动闲置资产调剂工作，机关事务主管部门和政府各部门应当加强机关资产管理信息化建设，及时掌握资产需求情况；同时，积极构建资产调剂平台，推动工作顺利开展。

对于无法调剂的闲置资产，应当按照市场化原则，采取公开拍卖等方式处置，通过充分竞价确保处置收益最大化。公开拍卖处置闲置资产，要做到以下几点：一是拍卖处置资产的信息要公开透明，避免暗箱操作；二是程序要规范，严格遵守资产处置的有关规定；三是对竞买者要给予相同的待遇，不能搞歧视；四是涉密资产应当按照国家有关保密的规定进行处理，需要脱密的必须脱密。

闲置资产处置除公开拍卖方式外，还可以根据实际情况，采取捐赠、厂家回收等方式。闲置资产的捐赠应当以支持公益事业或者扶持贫困地区发展为目的，坚持节俭、经济和规范的原则，充分发挥闲置资产的社会效益。闲置资产的厂家回收应当由专业机构进行价值评估后再交由厂家回收处置。

> **第二十条**　县级以上人民政府应当对本级政府机关用地实行统一管理。城镇总体规划、详细规划应当统筹考虑政府机关用地布局和空间安排的需要。
>
> 县级以上人民政府机关事务主管部门应当统筹安排机关用地，集约节约利用土地。
>
> 对政府机关新增用地需求，县级以上人民政府国土资源主管部门应当严格审核，并依照有关土地管理的法律、法规和规定办理用地手续。

【条文主旨】　　本条是关于政府机关用地管理的规定。

【释义】

一、政府机关用地统一管理的含义

本条规定，县级以上人民政府应当对本级政府机关用地实行统一管理。其含义是：根据国有土地管理要求，制定机关用地管理办法，实行权属统一管理，编制和实施用地规划，严格使用和处置管理，实现机关用地"权有所属、用有规划、管有规范、集约节约"的目标。具体程序包括：

在土地取得环节，各部门拟新取得土地的，在选址阶段要报经同级机关事务主管部门审核，取得供地批复和土地权证后，将有关材料报机关事务主管部门备案，纳入本级政府机关用地统一管理范围。

在存量土地利用环节，各部门利用现有土地进行建设的，在办理规划手续前，应当征求机关事务主管部门的意见。对于畸零、闲置、低效以及违规使用的土地，机关事务主管部门应当进行调整和处理，实现科学规划，合理利用。

在土地处置环节，机关事务主管部门要加强监管，严把出口关，优先通过调配、置换等方式进行配置利用；确实不宜利用的，采取公开方式进行处置。

二、政府机关用地统一管理的工作要求

根据本条规定，政府机关用地统一管理有以下工作要求：

一是统筹考虑用地布局和空间安排的需要。机关用地布局和空间安排的科学性和合理性，对于所在地区土地利用、空间布局具有重要影响。政府有关部门应当在城镇总体规划、详细规划中统筹考虑、科学规划机关用地布局，积极发挥集中办公的优势，促进集约节约利用土地。《中华人民共和国城乡规划法》第二十三条规定，首都的总体规划、详细规划应当统筹考虑中央国家机关用地布局和空间安排的需要。该规定对于满足中央国家机关长远建设和发展的需要，提高土地利用效率具有重要意义。

二是集约节约用地。我国建设用地供需矛盾突出。大力促进集约节约用地，是确保经济社会可持续发展的根本要求。2008 年，《国务院关于促进节约集约用地的通知》对节约集约用地作了规定。县级以上人民政府机关事务主管部门应当按照通知要求，加强机关用地管理，在集约节约用地、提高土地使用效率方面发挥表率作用。

三是新增用地应当严格审核并依法办理用地手续。我国实行最严格的土地管理制度，《中华人民共和国土地管理法》及相关法律、法规对于新增用地的申请及使用有明确规定。政府机关为公共利益服务，其履行职能产生的合理新增用地需求，应当给予充分保障；政府机关也应该按照土地管理的法律、法规和政策规定，严格履行审批程

序，在经县级以上人民政府国土资源主管部门审核后，依法办理用地手续。

第二十一条　县级以上人民政府应当建立健全机关办公用房管理制度，对本级政府机关办公用房实行统一调配、统一权属登记；具备条件的，可以对本级政府机关办公用房实行统一建设。

政府各部门办公用房的建设和维修应当严格执行政府机关办公用房建设、维修标准，符合简朴实用、节能环保、安全保密等要求；办公用房的使用和维护应当严格执行政府机关办公用房物业服务标准。

【条文主旨】　本条是关于政府机关办公用房管理体制和标准的规定。

【释义】

一、办公用房统一管理的实践探索

办公用房是机关履行职能、正常运行的基础。近年来，中央和部分地方政府积极探索建立机关办公用房统一管理新体制，推进办公用房资源的公平配置和集约利用，取得了积极成效。《关于改进和加强中央国家机关办公用房管理的意见》提出了"建立所有权与使用权相分离、统筹规划、统一建设、规范管理、合理调配、专业化服务的管理体制"，并明确规定由国管局负责中央国家机关办公用房统一管理。十多年来，中央国家机关办公用房管理体制不断完善，统一管理工作稳步推进。部分地方政府根据机关办公的实际需要，积极探索建立符合本地实际的统一管理体制。如四川省、辽宁省、厦门市等出台了加强机关办公用房管理的有关规定，要求对机关办公用房实行统一管理。

本条总结实践经验，规定县级以上人民政府应当建立健全机关办公用房管理制度，对本级政府机关办公用房实行统一管理。在工作实践中，县级以上人民政府可以授权机关事务主管部门对管理范围内的办公用房实行统一管理。这与《中华人民共和国物权法》第五十三条"国家机关对其直接支配的不动产和动产，享有占有、使用以及依照法律和国务院的有关规定处分的权利"的规定是一致的。

二、办公用房统一管理的工作要求

（一）统一调配。办公用房统一调配是统一管理的主要手段，其含义指：县级以上人民政府可以授权本级机关事务主管部门，根据政府机关人员编制和工作需要，按照规定标准合理核定、分配、调整各部门的办公用房。本条规定对政府机关办公用房实行统一调配，其工作内容和环节包括：

一是核定办公用房面积指标。依据是办公用房配置标准、各部门人员编制与实际需求。

二是开展办公用房普查。重点摸清各部门办公用房的来源、权属登记状况、使用管理情况和办公用房及附属设施的质量情况，建立和完善办公用房档案。

三是编制办公用房调整方案。因机构增设、职能调整或者业务发展需要增加办公用房的，应当首先从现有办公用房中调剂解决。

四是加强使用监管。各部门与机关事务主管部门签订办公用房使用协议，享有办公用房使用权，并将所属单位占有使用的办公用房情况报机关事务主管部门备案，履行使用申报登记手续；新建或者新调整办公用房的部门必须向机关事务主管部门及时交回原占用的办公用房，不能自行处置；企事业单位占用的机关办公用房，要进行分类清理。

五是实行动态管理。根据办公用房区域环境的变化，机关事务主管部门要适时调整、置换和淘汰不适合机关办公的房屋，优化办公用房资源。对存在安全隐患、不适宜办公的危旧房屋，可以采取改造、翻扩建或者置换社会房屋等方式进行处理；对适合机关使用的社会房屋，可以采取购买、置换等方式获得。

（二）统一权属登记。是指县级以上人民政府对本级政府机关办公用房享有所有权，可以授权本级机关事务主管部门负责统一办理房屋权属登记，履行所有权人的权利，承担相关义务。统一权属登记是实现机关办公用房统一管理的基础，可以有效约束各部门的使用管理行为，防止出租、出借办公用房或改变办公用房使用功能等现象。统一权属登记要对以下几种情况分别处理：

一是新建、新购置的办公用房或办公用房权属尚未登记的，由同级机关事务主管部门进行初始登记。

二是办公用房权属已登记到各部门的，要统一转移变更登记至同级机关事务主管部门的名下。

三是对未经批准，擅自将办公用房权属交由下属单位或者其他单位登记的，要统一转移变更登记至同级机关事务主管部门的名下。

目前，中央和地方政府办公用房权属管理主要有三种模式：一是统一登记模式。根据《关于改进和加强中央国家机关办公用房管理的意见》及其实施细则的规定，中央国家机关办公用房产权统一登记至国管局名下，国管局行使产权人权利，承担产权人义务。吉林、上海、四川、湖南、重庆等省市也由机关事务主管部门对机关办公用房权属实行统一登记。二是统一与分散相结合的模式。如北京、广东、广西等地政府，集中办公区内的办公用房权属登记在同级机关事务主管部门名下，集中办公区以外的办公用房权属登记在使用部门名下。三是分散登记的模式。即办公用房权属登记在各部门名下，由部门自行管理。按照本条规定，统一与分散相结合的模式和分散登记的模式都要逐步过渡到权属统一登记的管理模式。

（三）统一建设。统一建设是指明确机关办公用房建设项目审批主体，统一审批程序，具备条件的统一组织建设。中共中央办公厅、国务院办公厅《关于进一步严格控制党政机关办公楼等楼堂馆所建设问题的通知》对所有新建、扩建、迁建、装修改造党政机关办公楼项目的审批主体和程序作了明确规定，中央国家机关办公用房建设由发展改革部门和机关事务主管部门负责，各部门不得自行审批。省（区、市）及计划单列市党政机关办公楼建设项目，一律由国家发展改革委核报国务院审批。省直厅（局）级单位和市（地、州、盟）、县（市、区、旗）党政机关办公楼建设项目，由省（区、市）人民政府审批。市（地、州、盟）、县（市、区、旗）党政机关直属单位和乡镇党政机关办公楼建设项目，由市（地、州、盟）人民政府（行署）审批。

实践证明，机关办公用房实行统一建设，投资数量、建设规模、建设标准一般都能得到有效控制。县级以上人民政府可以结合本地实际，在条件具备的情况下，明确机关事务主管部门负责对机关办公用房实行统一建设。

三、办公用房的建设、维修、使用、维护应当严格执行相关标准

（一）建设标准。目前，机关办公用房建设执行全国统一标准，即原国家计委印发的《党政机关办公用房建设标准》。机关事务主管部门在履行项目审批程序时，应当严格执行有关规定，办公楼建设和维修要符合节能环保的要求，外立面不搞豪华装修，内装修要简洁朴素，办公设备的配置要科学实用，电梯、采暖、空调、供配电、弱电

等设备以及各类建筑材料均应选用高效、节能、环保的国产产品。凡新建、改扩建的，必须严格执行《公共建筑节能设计标准》及《绿色建筑评价标准》。在项目审批环节，对设计方案是否达到相关标准要严格把关；在项目实施过程中，要严格执行节能、环保的有关规定；项目完成后应当进行建筑节能评审，凡达不到建筑节能标准的，不得进行竣工验收备案。在办公用房室内环境方面，通讯与计算机网络设施要按照安全保密的要求综合布线、预留接口，特殊用途办公用房（如机要保密工程），还要符合安全保密的规定。

（二）维修标准。按照损坏程度和修缮工作量的大小，维修分为大修、中修和小修，大中修由本级机关事务主管部门组织实施，小修即日常维修，由使用部门组织实施。2004 年，国管局编制的《中央国家机关办公用房维修标准（试行）》，明确界定了大修、中修和小修，是中央国家机关办公用房日常维护管理、制定维修方案、编制维修计划、审批维修项目和开展监督检查的重要依据。湖北、杭州等地也出台了相关规定，明确了本级机关办公用房的维修标准。

（三）物业服务标准。办公区的物业服务主要包括日常维修、水电暖设备维护维修、电梯空调设备维护维修、办公楼（区）的绿化、保洁、保安等公共性服务，公众代办服务和机关所要求的特约服务。制定机关办公用房物业服务标准，是机关办公用房管理社会化、专业化的重要保证。县级以上人民政府机关事务主管部门要结合实际，对房屋日常养护维修，给排水、供电设备管理维护，电梯运行维护，空调系统运行维护等物业服务内容、服务标准和收费标准作出规定。

第二十二条 政府各部门超过核定面积的办公用房，因办公用房新建、调整和机构撤销腾退的办公用房，应当由本级政府及时收回，统一调剂使用。

各级人民政府及其部门的工作人员退休或者调离的，其办公用房应当由原单位及时收回，调剂使用。

【条文主旨】 本条是关于政府机关办公用房收回和调剂的规定。

【释义】

一、政府收回和调剂办公用房

本条对办公用房腾退收回作出强制性规定，明确了超过核定面积的办公用房，由于新建、调整和机构撤销等原因需腾退的办公用房，都应当收回并统一调剂使用。在具体工作中，县级以上人民政府可以授权机关事务主管部门，合理核定本级政府各部门的办公用房面积，超过核定面积的办公用房，要收回并纳入统一调配范围。新建、调整办公用房的部门在搬入新建或者调整的办公用房后，应当按照"建新交旧"、"调新交旧"的原则和有关协议，及时将原用办公用房交回同级机关事务主管部门，不能继续占用或自行处置。对于被撤销的部门，要收回其占用的办公用房或者按照国家政策进行调整、置换、划转等。对于收回的办公用房，机关事务主管部门要根据办公用房调配方案、调配计划和各部门的需求统筹安排。对机构撤销后仍由其所属企业事业单位占用的行政办公用房，要进行全面清理，并区别不同情况分类处理。

二、部门内部收回和调剂办公用房

政府各部门在核定的办公用房范围内享有使用权，可以自主安排、合理使用。在实践中，各部门办公用房内部使用安排问题较为突出，临时机构、借调人员和退休人员占用办公用房，以及在其他部门兼职的工作人员重复安排办公用房的现象比较普遍，造成办公用房无法充分利用。针对这种情况，各部门内部要合理安排办公用房，制定办公用房使用管理具体办法和措施，会同人事、纪检监察等部门，及时收回本部门退休或者调离的工作人员所使用的办公用房。对于在不同部门兼职的工作人员，应当在主要工作部门安排其办公用房。

就工作人员退休或者调离后不及时退回办公用房的问题，很多部门已经出台或者着手研究相关管理规定。本条对收回办公用房的期限没有作出具体规定，有关部门应当结合实际，作出具体规定。

第二十三条　政府各部门不得出租、出借办公用房或者改变办公用房使用功能；未经本级人民政府批准，不得租用办公用房。

【条文主旨】　本条是关于政府各部门使用办公用房的禁止性规定和租用办公用房的规定。

【释义】

一、使用办公用房的禁止性规定

本条对出租、出借办公用房或者改变办公用房使用功能作了禁止性规定，即政府各部门一律不得向其他单位出租、出借所使用的办公用房，或者改变办公用房使用功能。根据本条规定，各部门应当合理安排所使用的办公用房，制定使用管理具体规定，并将办公用房占用、分配情况报同级机关事务主管部门备案。对于已经出租、出借或安排所属企业事业单位使用的办公用房，要一律清退。机关事务主管部门要加强对各部门办公用房使用情况的监管，及时将各部门出租、出借的办公用房收回并纳入统一调剂范围。

二、政府部门租用办公用房的管理要求

本条规定各部门未经本级人民政府批准，不得租用办公用房。在实践中，租用办公用房有两种情况：一是由于办公用房不足，租赁、借用办公用房的；二是所使用的办公用房在维修、改造期间，租赁、借用办公用房作为临时周转房的。

针对以上情况，机关事务主管部门对各部门办公用房需求进行审核后，应当首先在存量办公用房中调剂解决，无法调剂确需租用办公用房的，要把握两点：一是合理确定租用需求。根据实际情况，严格按照有关标准，核定部门租用办公用房的面积、位置等需求。二是严格履行相关手续。部门租用需求报经同级机关事务主管部门审核同意后，方可向同级财政部门申请经费并履行房屋租赁手续，租用的办公用房纳入本部门办公用房统筹管理的范畴，机关事务主管部门要加强监管。

> **第二十四条**　国务院机关事务主管部门会同有关部门拟订公务用车配备使用管理办法，定期发布政府公务用车选用车型目录，负责中央国家机关公务用车管理工作。执法执勤类公务用车配备使用管理的具体规定，由国务院财政部门会同有关部门制定。
>
> 县级以上地方人民政府公务用车主管部门负责本级政府公务用车管理工作，指导和监督下级政府公务用车管理工作。

【条文主旨】 本条是关于公务用车管理体制和职责分工的规定。

【释义】

公务用车是指政府机关用于履行公务的机动车辆，分为省部级干部专车、一般公务用车和执法执勤用车。加强和规范公务用车管理，对于进一步贯彻落实党中央、国务院关于厉行节约、反对奢侈浪费的工作要求，保障机关运行，加强政府自身建设，促进党风廉政建设具有重要意义。

一、国务院机关事务主管部门的公务用车管理职责

《党政机关公务用车配备使用管理办法》对各级党政机关公务用车配备使用管理进行了规范，明确了机关事务主管部门、财政部门、纪检监察部门各司其职、相互配合的管理体制机制，从源头上解决了公务用车管理的问题。根据《党政机关公务用车配备使用管理办法》和国务院有关规定，国管局是中央国家机关公务用车主管部门，承担中央国家机关公务用车管理职责，主要包括：会同有关部门拟订公务用车管理规章制度，会同汽车行业主管部门定期发布政府公务用车选用车型目录，负责中央国家机关公务用车编制、配备、更新、处置等工作，指导和监督各省（区、市）政府公务用车管理工作，定期向国务院报告公务用车管理情况，接受纪检监察部门和社会的监督等。

执法执勤用车是公务用车的组成部分，其管理应当严格执行公务用车配备、更新、使用、处置和指标管理等规定，接受公务用车主管部门的管理和监督。

二、公务用车选用车型目录

党政机关公务用车选用车型目录（以下简称选用车型目录），是指按照国家有关汽车产业规划、政策和政府采购的规定，综合考虑车辆技术参数、安全性能、节能减排、售后服务等因素，确定的政府机关配备更新公务用车可以选择使用的车辆品牌、型号、款型范围。

2011 年 11 月，工业和信息化部、国管局、中直管理局联合印发了《党政机关公务用车选用车型目录管理细则》，明确了申报党政机关公务用车选用车型目录的企业及车型的具体条件，建立了车型性价比评价指标体系，明确了目录申报程序。按照规定，选用车型目录原则上每年发布一次，按照企业申请、专家评审、社会公示、联合发布的程序产生。

三、公务用车分级管理

按照本条规定，公务用车实行分级管理。各级人民政府应当确定本级政府公务用车主管部门，明确管理职责，建立上下级的业务指导关系；按照中央关于公务用车管理的有关规定，建立健全本级政府公务用车管理的具体管理制度，完善监督和信息公开机制，促进党风廉政建设。

　　根据《党政机关公务用车配备使用管理办法》的规定，各级政府公务用车主管部门的管理职责主要包括：一是核定政府各部门公务用车编制；二是编报汇总年度公务用车配备更新计划，作为财政部门安排公务用车购置经费预算的依据；三是负责公务用车购置和处置事项审批工作，并组织实施政府采购；四是制定公务用车日常使用管理具体制度，对各部门公务用车日常使用管理情况进行监督考核；五是组织实施公务用车保险、维修、加油等项目的集中采购，监督检查公务用车定点保险、定点维修、定点加油情况；六是建立健全油耗管理制度，定期组织实施公务用车节油考核工作；七是推进公务用车管理信息化建设，统计汇总各部门公务用车配备更新、使用和运行费用情况；八是本级人民政府规定的其他公务用车管理事项。

　　第二十五条　政府各部门应当严格执行公务用车编制和配备标准，建立健全公务用车配备更新管理制度，不得超编制、超标准配备公务用车或者超标准租用车辆，不得为公务用车增加高档配置或者豪华内饰，不得借用、占用下级单位和其他单位的车辆，不得接受企业事业单位和个人捐赠的车辆。

　　【条文主旨】　　本条是关于公务用车编制和配备更新管理的规定。

【释义】

一、加强公务用车编制管理

公务用车编制根据部门人员编制、领导职数和工作需要等因素确定，是公务用车配备更新的基本依据。根据《党政机关公务用车配备使用管理办法》，中央和国家机关一般公务用车编制按每 20 人不超过 1 辆核定；地方各级党政机关一般公务用车编制标准，由省（区、市）参照中央和国家机关标准，结合工作需要和当地实际确定；执法执勤用车编制，由财政部门会同公安、国家安全、司法和纪检监察以及其他行政执法机关主管部门，根据车辆保障装备标准和工作需要确定，执法执勤用车不得与一般公务用车重复配备。

目前，各地公务用车编制管理规范的层级和范围不同，存在编制标准尺度不一、编制核定差异较大等问题。为此，2011 年 7 月，中央公务用车问题专项治理工作领导小组印发《关于做好地方党政机关公务用车编制核定工作的通知》要求，各地区、各部门要全面落实编制管理制度，严格编制标准，按照新核定的编制总数不得突破原有编制总数和实有车辆数的原则，重新核定公务用车编制。

二、严格公务用车配备标准

公务用车配备标准是公务用车管理的刚性约束因素，政府各部门应当严格执行配备标准。超标准配备公务用车、违规购置豪华汽车，不仅造成铺张浪费，而且严重损害党和政府的形象。为降低公务用车支出，推动节能减排，促进自主品牌汽车产业发展，《党政机关公务用车配备使用管理办法》下调了公务用车配备价格和排气量标准，明确了公务用车更新年限，大幅减少了车辆购置和运行费用。

《党政机关公务用车配备使用管理办法》还严格了越野车管理，明确规定政府机关原则上不配备越野车，确因地理环境和工作性质特殊，如位处西藏、新疆、青海、云南等边疆地区，或承担野外考察、工地勘察等特殊业务的政府部门，经过公务用车主管部门批准，可以适当配备国产越野车。需要注意的是，经批准配备的越野车，应当纳入公务用车编制集中管理，制定专门管理制度并严格管理，不得与其他公务用车重复配备，也不得作为领导干部固定用车。

三、不得违规配备更新公务用车

政府各部门必须严格执行公务用车编制管理和配备标准，不得违规配备公务用车。本条针对实践中存在的下列违规问题作了禁止性规定。

（一）超编制配备公务用车，是指违反公务用车编制规定，超额配备使用、未经批准配备使用、不在编制内配备使用公务用车。对于超编车的认定，主要依据车辆编制数和实有数量，机关公务用车实有数量超过编制数的，按配置时间顺序确认超编车。其中，车辆编制数是指本级公务用车主管部门核定的编制数；未核定编制的，要按照规定标准核定编制。公务用车实有数量是指登记在本单位名下的车辆，以及未登记在本单位名下、但资产权属归本单位的车辆。临时机构配备使用的车辆，因执行项目、开展扶贫等工作配备使用的车辆，以及上级部门配发和下拨专项资金购置的车辆，也应当纳入车辆权属单位编制管理。经认定的超编车，一律由公务用车主管部门集中收缴，通过调剂、厂家回收、公开拍卖、报废等方式进行处理。

（二）超标准配备公务用车，是指超出公务用车排气量或者价格等标准配备公务用车。地方和有关部门制定的标准低于中央规定标准的，按地方和有关部门标准认定；地方和有关部门制定的标准高于中央标准的，按中央标准认定。经认定的超标车除经公务用车主管部门批准调剂和继续使用外，原则上不得继续使用，可采取厂家回收、置换或者由公务用车主管部门统一组织公开拍卖。超标准租用的公务用车，应当按规定解除租赁合同。

（三）为公务用车增加高档配置或者豪华内饰，是指高于原车配置设计进行装饰，或者借修车之机进行高于原车配置的装饰，以及其他设备。豪华装饰的公务用车，增加的高档配置或者豪华内饰，都必须评估作价计入原车价值，超出价格标准的按超标车处理。

（四）借用、占用下级单位或者其他单位的车辆，是指利用职权以各种名义借用、调用、换用下属单位、企业事业单位或者其他服务管理对象的车辆。对于借用、占用的车辆，要严格按照规定退回原单位。

（五）接受企业事业单位和个人捐赠的车辆，是指未经公务用车主管部门批准，擅自接受企业事业单位或者其他服务管理对象赠送的车辆。为严肃工作纪律，端正机关作风，政府机关一律不得接受捐赠车辆；确因外事交往等特殊工作需要接受捐赠的车辆，要严格按照政府礼品管理有关规定进行管理，不得擅自留用为公务用车。对于已接受捐赠的车辆，符合公务用车编制和配备标准要求的，经公务用车主管部门批准，统一纳入编制管理；超编制、超标准车辆，按照相关规定进行处理。

第二十六条 政府各部门应当对公务用车实行集中管理、统一调度，并建立健全公务用车使用登记和统计报告制度。

政府各部门应当对公务用车的油耗和维修保养费用实行单车核算。

【条文主旨】 本条是对公务用车日常使用管理的规定。

【释义】

一、实行集中管理和统一调度

集中管理和统一调度，是指由专门管理机构对本级政府或者本部门、本单位占有使用的公务用车实行集中管理、统一调度，对公务用车资源进行优化配置。实行集中管理、统一调度，有利于实现资源共享。一是可以充分使用车辆，提高办事效率；二是可以有效控制车辆管理费用，降低运行成本；三是可以消除分散管理造成的公车私用、公车资源利用不均衡等弊端；四是便于司乘人员的管理，互相监督，增强团队精神。

二、建立健全公务用车使用登记和统计报告制度

按规定登记用车时间、事由、地点、里程、油耗、费用等信息，定期公示并汇总报告本级公务用车主管部门，接受监督，不仅有利于遏制公车私用行为，也有利于全面掌握车辆运行等信息，提高车辆使用效率，并为单车核算提供基础数据。例如，有的部门实行"五个一"管理模式，即一辆车一个档案、一名驾驶员一个档案、一个项目用车一个档案、一天一次安全检车、一次用车一张记录卡，既保障了正常公务用车需求，又使公务用车油耗和维修费用得到有效控制。

三、实行单车核算

单车核算是指对单辆公务用车在运行使用过程中发生的油耗和运行费用进行单独结算，按照定额标准进行考核，并根据考核结果进行奖励和处罚。

单车油耗的考核是在一定周期内，按照实际行车的里程和耗油数

量，测算出每辆车的实际百公里油耗，依照公务用车主管部门制定的百公里耗油定额标准进行考核评价；未确定耗油定额标准的车型，参照车辆出厂标定的耗油标准进行考核。2009 年 11 月，国管局会同中直管理局印发了《中央和国家机关公务用车耗油定额标准（试行）》，制定了 16 款主要公务用车车型耗油标准。

单车运行费用的考核，是在一定周期内对每辆车的维修保养费、保险费、过路过桥费、燃油费等经费进行单独结算，依照财政部门会同公务用车主管部门制定的公务用车运行费用定额标准进行评价。通过单车运行费用考核，建立相应奖惩机制，既有利于降低车辆使用和维修保养成本，促进节能减排，还可以激发司乘人员的工作热情，提高工作效率。

第四章　服务管理

第二十七条　县级以上人民政府机关事务主管部门应当制定统一的机关后勤服务管理制度，确定机关后勤服务项目和标准，加强对本级政府各部门后勤服务工作的指导和监督，合理配置和节约使用后勤服务资源。

政府各部门应当建立健全本部门后勤服务管理制度，不得超出规定的项目和标准提供后勤服务。

【条文主旨】　本条是关于机关后勤服务管理的规定。

【释义】

机关后勤服务是机关履行职能的条件，是机关事务工作的重要内容。目前政府机关在举办或引进后勤服务中仍存在一些问题：一是机关后勤服务边界不清晰，部门之间后勤服务项目在类别上参差不齐。二是单一类别的后勤服务项目缺乏标准，同一类别的后勤服务项目在各部门之间标准不一致，容易产生苦乐不均和互相攀比。三是由于服务存在方式无形、不可储存、生产与消费同时等特点，对机关后勤服务经费支出的监督和审计难度较大。四是有些地区、部门的后勤服务项目无序扩大，服务标准不断提高，增加了服务成本，不利于节约型机关建设。为了解决这些问题，有必要制定统一的制度标准，进一步规范机关后勤服务管理。

按照本条规定，县级以上人民政府机关事务主管部门是机关后勤服务的主管部门，应当制定统一的机关后勤服务管理制度，明确本级政府部门机关后勤服务项目的类别以及每一类别后勤服务的要求和标准，并加强指导和监督；政府各部门应当建立健全管理制度，严格按照规定的项目和标准提供服务，节约使用后勤服务资源，降低服务成本。

一、制定统一的机关后勤服务管理制度

根据本条规定，机关事务主管部门应当会同同级发展改革、财政等有关部门，结合工作实际，研究制定规范机关后勤服务的指导意见，分级、分类制定并组织落实机关后勤服务管理制度，扎实推进机关后勤服务工作的规范化和标准化建设。

二、规范机关后勤服务项目和标准

规范服务项目、统一服务标准要做到以下几点：一是坚持社会化

方向。凡是能够通过社会服务组织提供的后勤服务项目，机关不再举办。二是保障基本需求。服务项目和标准的确定，必须立足机关运行的基本需求，不是高档需求，更不是奢华需求。三是坚持统一平等。确定的服务项目、范围和标准以及监督制约措施，应当具有统一性和严肃性，一体对待、一体适用，不搞特殊规定或者例外。四是实行动态调整。机关事务主管部门应当根据经济社会发展水平和机关运行的实际需求，对服务项目和标准进行适时调整，实行动态管理。

三、严格按照规定提供后勤服务

政府各部门应当自觉遵守本级机关事务主管部门制定的后勤服务管理制度，严格按照规定的服务项目和服务标准组织提供后勤服务。同时，要结合本部门实际情况，建立健全后勤服务管理具体制度，加强对本部门后勤服务的统一管理，杜绝超范围、超项目提供服务，超标准、超定额提供保障等行为。

四、加强指导和监督

县级以上机关事务主管部门应当采取培训、交流以及检查、通报等形式，加强对各部门机关后勤服务工作的指导和监督，合理配置和节约使用机关后勤服务资源，确保机关后勤服务在规定的范围和标准内进行。

第二十八条　各级人民政府应当按照简化礼仪、务实节俭的原则管理和规范公务接待工作。

国务院机关事务主管部门负责拟订政府机关公务接待的相关制度和中央国家机关公务接待标准。县级以上地方人民政府应当结合本地实际，确定公务接待的范围和标准。政府各部门和公务接待管理机构应当严格执行公务接待制度和标准。

县级以上地方人民政府公务接待管理机构负责管理本级政府公务接待工作，指导下级政府公务接待工作。

【条文主旨】　本条是关于公务接待管理的规定。

【释义】

公务接待工作是公务活动的必要保障，是机关事务工作的重要组成部分。党中央、国务院历来高度重视公务接待管理工作，中共中央办公厅、国务院办公厅先后印发了一系列政策文件，要求规范公务接待管理，严格控制公务接待支出。

《条例》在总结公务接待管理工作的基础上，规定各级人民政府应当按照简化礼仪、务实节俭的原则管理和规范公务接待工作。这里所说的简化礼仪，就是要力戒形式主义，去除繁文缛节，不举办迎送仪式,不搞边界迎送,提倡轻车简从;务实节俭,就是要立足现有条件,考虑实际需要,不讲排场,不比阔气,尽量节约接待经费开支。

本条规定,国务院机关事务主管部门负责拟订政府机关公务接待的相关制度,制定中央国家机关公务接待标准。这样规定,有利于指导各级政府机关的公务接待工作,保证公务接待管理的统一性、规范性和有效性。同时,按照本条规定,县级以上地方人民政府应当根据本地实际,明确公务接待管理机构,确定公务接待的范围和对象,并结合本地区物价水平和财政收入状况,制定公务接待的开支标准并按规定程序审核报备,防止标准虚高,避免铺张浪费。

本条还明确了县级以上地方人民政府公务接待管理机构对本级政府和下级政府公务接待工作的管理和指导职责。目前,地方政府的公务接待管理机构或者与机关事务主管部门合二为一,或者独立设置。在今后的工作实践中,具体采用哪种方式,应当由本级人民政府结合工作实际确定。

各级人民政府及其部门作为公务接待管理的责任主体,应当全面落实规定的要求,严格执行相关制度和标准。管理和规范公务接待工作,重点是以下几个方面:一要进一步完善管理制度。建立健全食、宿、行、调研、经费预算和开支等方面的管理制度。二要严格控制公务接待范围,严格区分公务接待、商务接待和私人活动。三要大力建设健康节约的接待文化。四要推进行政管理体制、财政体制、投资体制等改革,改革行政审批、投资管理和预算管理等方式方法,从源头上解决违规接待的问题。

> 　　第二十九条　各级人民政府及其部门应当加强会议管理，控制会议数量、规模和会期，充分利用机关内部场所和电视电话、网络视频等方式召开会议，节省会议开支。

【条文主旨】　　本条是关于会议管理的规定。

【释义】

会议是政府及其部门研究问题、布置工作、交流经验的重要手段。近年来，随着各项事业的快速发展，政府机关的会议呈现数量多、规模大、会议费支出持续增长的态势。党中央、国务院高度重视会议管理问题，要求严格控制会议的数量、规模、会期和支出。近年来，国管局会同财政部印发了《中央国家机关会议费管理办法》，对会议分类、会议方式、审批程序、会议规模、经费管理、开支标准等作出严格规定。结合办法实施情况，国管局还制定了《中央国家机关会议费管理补充规定》，要求各部门进一步精简会议，控制会议成本。各地区也根据规定，结合本地实际制定完善了会议管理制度，明确了会议费的具体开支标准。

为了进一步加强和规范会议管理，本条明确规定，各级政府及其部门是会议管理的责任主体，要求控制会议数量、规模和会期，优化会议召开方式。一要严格控制会议的数量、参加人数和会期。会议的数量大、参加人数多、持续时间长，就会增加会议成本，降低工作效率。因此，要尽量压缩合并会议，减少会议次数，控制参会人数，一律开短会。二要利用好机关内部资源。充分利用机关内部的会议室、礼堂、招待所等场所开会，既有利于加强保密工作，也有利于弘扬艰苦奋斗、勤俭节约的良好作风。机关内部场所确实无法满足需要的，应当到招标确定的定点饭店开会，执行协议的优惠价格。三要改进会议方式。近年来，党中央、国务院经常采用电视电话、网络视频等方式召开会议，为各地、各部门作出了表率。各级政府及其部门应当尽量采用电视电话、网络视频等方式召开会议，提高会议效率，减少会议时间，节约食宿和交通成本。四要注重会议实效。加强对会议内容的管理，坚决杜绝无实质内容、无实际效果的研讨会、座谈会等。

此外，会议管理还要严格区分会议、培训和接待，避免在会议费中列支培训和接待支出，防止会议包罗万象和转嫁负担。同时，电视电话、网络视频会议也要算经济账，当采用传统方式召开会议成本更低时，应当优先采用传统方式开会。

第三十条　政府各部门应当执行有关因公出国（境）的规定，对本部门工作人员因公出国（境）的事由、内容、必要性和日程安排进行审查，控制因公出国（境）团组和人员数量、在国（境）外停留时间，不得安排与本部门业务工作无关的考察和培训。

【条文主旨】　　本条是关于因公出国（境）管理的规定。

【释义】

因公出国（境）管理是各级政府及其部门的一项重要工作。《条例》所称因公出国（境），是指政府各部门根据工作需要，组织团组或者选派工作人员，赴国（境）外执行公务，包括公务访问、业务洽谈、工作考察、学习培训等。从国家外交层面看，政府各部门因公出国（境）工作对于配合国家总体外交、促进经济社会发展具有重要意义；从具体工作层面讲，政府各部门因公出国（境）对于学习国外先进经验、促进本部门业务工作发展、提高公务人员业务素质等，具有重要作用。

党中央、国务院历来高度重视因公出国（境）管理工作，制定了一系列加强出国（境）管理的政策规定，要求各级党委和政府充分认识加强因公出国（境）管理的重要性和紧迫性，切实采取措施加强统一领导，合理安排出国（境）活动，严格计划审核，重大问题列入党委及外事工作领导小组议事日程，集体讨论决定，并就因公出国（境）计划报批报备、出国人员审批管理、团组数量和规模控制、考察内容安排、经费预算管理、停留时间、监督检查和责任追究等作了具体规定。

本条规定，政府各部门应当执行有关因公出国（境）的规定，加强对本部门工作人员因公出国（境）工作的管理。也就是说，政府各部门工作人员因公出国（境），由各部门按照规定和计划组织实施。具体来讲，一是加强审查。审查的内容主要是因公出国（境）的事由、内容、必要性和日程安排，即事由要明确、内容要充实、必要性要充分、日程安排要紧凑。二是严格控制。控制的重点是团组和人员数量、在外停留时间，要求是团组和人员数量少、在外停留时间短。三是不得安排与本部门业务工作无关的考察和培训，杜绝缺乏实质内容的一般性考察和培训。

加强因公出国（境）管理，既是政府各部门的一项重要职责，也是控制机关运行成本的重要措施，必须切实抓紧抓好。

第五章　法律责任

第三十一条　违反本条例规定，接到对违反机关事务管理制度、标准行为的举报不及时依法调查处理的，由上级机关责令改正；情节严重的，由任免机关或者监察机关对责任人员依法给予处分。

【条文主旨】　本条是关于接到对违反机关事务管理制度、标准行为的举报不及时依法调查处理法律责任的规定。

【释义】

依照《条例》第五条规定，县级以上人民政府发展改革、财政、审计、监察等部门和机关事务主管部门应当根据职责分工，承担对机关运行经费、资产和服务管理的监督检查职责。这些部门及其工作人员在接到有关对违反机关事务管理制度、标准行为的举报时，应当及时依法调查处理，不得推诿扯皮。如果在接到有关对违反机关事务管理制度、标准的举报后，没有进行调查处理，或者虽然进行了调查处理但调查处理活动明显滞后，或者调查处理活动违反了国家有关法律、法规的规定，都属于没有依法履行监督检查职责的行为，需要追究责任。根据情节不同，有两种追究方式：一是情节轻微的，上级机关责令改正，有关部门和工作人员及时改正即可；二是情节严重的，除了按照上级机关要求改正外，还要由任免机关或者监察机关对责任人员依法给予相应处分。

责令改正也称作限期纠正违法行为，是指行政主体依法作出要求违法人员停止和纠正违法行为的行政管理手段。责令改正可以单独适用，也可以和行政处分、行政处罚合并适用。在具体适用时，应当以接到对违反机关事务管理制度、标准行为的举报未能及时依法调查处理为前提；应当依据行政管理关系，由违规部门的上级机关责令改正，指出问题、听取陈述及申辩、送达责令改正通知书等，督促违规部门切实改正；应当采取书面形式，明确责令停止或者纠正违法行为的意思表示，根据实际情况确定合理的改正期限。

行政处分是指国家机关依照行政隶属关系对有违法失职行为的国家工作人员所实施的惩罚措施，包括警告、记过、记大过、降级、撤职和开除六种处分。本条规定的发展改革、财政、审计、监察等部门和机关事务主管部门及其工作人员接到对违反机关事务管理制度、标准行为的举报不及时依法调查处理的情形，除了由上级机关责令改正外，还要由任免机关或者监察机关依照《中华人民共和国公务员法》、《行政机关公务员处分条例》等有关规定，根据情节轻重，依据管理权限给予相应的行政处分。至于情节是否严重，要结合行为性质、主观态度、危害程度等情形分析认定。

第三十二条 违反本条例规定，有下列情形之一的，由上级机关责令改正，并由任免机关或者监察机关对责任人员给予警告处分；情节较重的，给予记过或者记大过处分；情节严重的，给予降级或者撤职处分：

（一）超预算、超标准开支公务接待费、公务用车购置和运行费、因公出国（境）费，或者挪用其他预算资金用于公务接待、公务用车购置和运行、因公出国（境）的；

（二）采购奢侈品、超标准的服务或者购建豪华办公用房的；

（三）出租、出借办公用房，改变办公用房使用功能，或者擅自租用办公用房的；

（四）超编制、超标准配备公务用车或者超标准租用车辆，或者为公务用车增加高档配置、豪华内饰，或者借用、占用下级单位、其他单位车辆，或者接受企业事业单位、个人捐赠车辆的；

> （五）超出规定的项目或者标准提供后勤服务的；
>
> （六）安排与本部门业务工作无关的出国（境）考察或者培训的。

【条文主旨】 本条是关于政府各部门及其工作人员违反《条例》规定具体情形法律责任的规定。

【释义】

本条明确了违反《条例》规定的六种情形。

第一项是对应第十二条内容设定的法律责任。《条例》明确规定对超预算、超标准开支公务接待费、公务用车购置和运行费、因公出国（境）费，或者挪用其他预算资金用作公务接待费、公务用车购置和运行费、因公出国（境）费的部门及其有关工作人员依法追究责任，目的是进一步强化"三公经费"管理，压缩"三公经费"规模，加强党风廉政建设，促进节约型机关建设。

第二项是对应第十四条内容设定的法律责任。《条例》明确规定对采购奢侈品、超标准的服务或者购建豪华办公用房的部门及其有关工作人员追究法律责任，目的是严格政府采购管理，健全问责机制，杜绝政府采购领域的违法违纪行为，切实提高财政资金的使用效率。

第三项是对应第二十三条内容设定的法律责任。《条例》明确规定对出租、出借办公用房，改变办公用房使用功能，或者擅自租用办公用房的部门及其有关工作人员追究法律责任，目的在于进一步强化办公用房管理，杜绝办公用房使用中的违法违纪行为。

第四项是对应第二十五条内容设定的法律责任。《条例》明确规定对超编制、超标准配备公务用车或者超标准租用车辆，为公务用车增加高档配置、豪华内饰，或者借用、占用下级单位、其他单位车辆，或者接受企业事业单位、个人捐赠车辆的部门及其有关工作人员追究法律责任，目的是进一步严格公务用车配备使用管理，切实降低公务用车成本。

第五项是对应第二十七条内容设定的法律责任。《条例》明确规定对超出规定的项目或者标准提供后勤服务的部门及其工作人员追究法律责任，目的是进一步强化机关后勤服务管理，提高后勤服务项目和标准的执行力，避免苦乐不均和相互攀比，降低机关服务成本。

第六项是对应第三十条内容设定的法律责任。《条例》明确规定对安排与本部门业务工作无关的出国（境）考察或者培训的部门及其工作人员追究法律责任，目的是进一步加强出国（境）考察和培训管理，减少违规行为，避免浪费财政资金。

上述六种情形均是违反《条例》规定和财经纪律，挥霍浪费国家资财的行为，除由上级机关责令改正外，还应当依照《行政机关公务员处分条例》第二十四条的规定，给予警告处分；情节较重的，给予记过或者记大过处分；情节严重的，给予降级或者撤职处分。

> **第三十三条** 机关事务管理人员在机关事务管理活动中滥用职权、玩忽职守、徇私舞弊或者贪污受贿的，依法给予处分；构成犯罪的，依法追究刑事责任。

【条文主旨】 本条是关于机关事务管理人员法律责任的规定。

【释义】

机关事务管理人员是《条例》的执法主体，必须牢固树立法治观念，准确掌握《条例》内容，严格执行有关规定，做好贯彻实施工作。如果机关事务管理人员知法犯法，违反法定权限和程序进行机关事务管理活动，不仅危害机关事务主管部门的利益，还将严重影响《条例》的权威性和执行力，进而影响政府的公信力。因此，对机关事务管理人员滥用职权、玩忽职守、徇私舞弊或者贪污受贿的行为，必须依法追究法律责任。

本条中的滥用职权，是指机关事务管理人员故意超过职权范围或者不适当地行使职权，致使公共财产、国家和人民利益遭受损失的行为。如在公务接待工作中利用公款接待私人亲属、朋友。玩忽职守，是指机关事务管理人员在机关事务管理活动中严重不负责任，致使公共财产、国家和人民利益遭受损失的行为。如在公共机构节能工作中，缺乏责任心，对工作疏于管理，导致能源资源重大浪费。徇私舞弊，是指机关事务管理人员为了私情或者私利，在机关事务管理活动中的弄虚作假行为。如政府采购中为了私利，与亲属或者其他利益相关人串通投标，让其成为中标供应商。贪污受贿，是指机关事务管理人员利用职权，非法侵吞公共财产或者收受他人财物的行为。如在办公用房建设中，收受建筑商贿赂的财物等。

机关事务管理人员具有本条规定的滥用职权、玩忽职守、徇私舞弊或者贪污受贿情形的，由任免机关或者监察机关依照《中华人民共和国公务员法》、《中华人民共和国行政监察法》和《行政机关公务员处分条例》等法律、法规，根据情节轻重，依据管理权限给予警告、记过、记大过、降级、撤职、开除等相应处分，追究行政责任；构成犯罪的，移交司法机关，依据《中华人民共和国刑法》的有关规定，追究刑事责任。

第六章　附　　则

> 　　**第三十四条**　其他国家机关和有关人民团体的机关事务管理活动，参照本条例执行。

【条文主旨】　　本条是关于参照执行的规定。

【释义】

　　国家机关，是指从事国家管理和行使国家权力的机关，一般认为等同于国家机构。根据《中华人民共和国宪法》的规定，国家机构包括国家元首、权力机关、行政机关、审判机关、检察机关和军事机关。在不同法律、法规中，国家机关的范围也有所不同，如《中华人民共和国刑法》规定的国家机关包括各级权力机关、行政机关、审判机关、检察机关和军事机关，《中华人民共和国国家赔偿法》中所指的国家机关包括国家行政机关、审判机关和检察机关。就立法本意而言，《条例》所规范的国家机关，具体包括国家权力机关、行政机关

（即《条例》第二条规定的各级人民政府及其部门）、政协机关、审判机关和检察机关等。因此，本条所称其他国家机关，是指各级人大和政协机关、各级法院和检察院等。这些机关和其他运行经费全部由各级财政予以保障的机关，都要加强管理、规范工作、降低成本，其机关事务管理活动应当参照《条例》执行。

人民团体是指不属于政党和国家机关，又具有一定的政治、经济和管理职能，或者某些方面的组织、协调及交流职能，并经国家认可、批准，在中国共产党和政府领导下工作，按照各自特点组成的从事特定社会活动的全国性群众组织，包括各级工、青、妇等人民群众团体和工商联组织。法律、法规意义上的人民团体，具体指参加全国政协会议的中华全国总工会、中国共产主义青年团等 8 个人民团体和依照《社会团体登记管理条例》第三条规定，经国务院批准免于登记的中国红十字会等 14 个社会团体。考虑到这些人民团体的机关运行经费都是由各级财政予以保障的，其机关事务管理也需要参照《条例》进行规范，所以规定有关人民团体的机关事务管理活动参照本《条例》执行。

此外，运行经费由各级财政予以保障的其他机关和单位，其机关事务管理活动也应该参照本《条例》执行。

需要说明的是，所谓参照执行，也称比照执行，是指在法律、法规规定的适用范围或者调整对象之外，一些类似情形或者法律关系比较接近的，也视为在适用范围之内，应当按照明确指示的法律、法规的规定执行。

> **第三十五条** 本条例自 2012 年 10 月 1 日起施行。

【条文主旨】 本条是关于生效时间的规定。

【释义】

法规的生效时间，是法规在制定、公布、实施过程中的重要问题，一般根据法规的具体性质和实际需要来决定。法规中关于生效时间的规定主要有两种形式：一是法规条文中明示"本条例自×年×月×日起施行"，直接规定具体的生效日期。如 2012 年 2 月国务院常务会议通过的《拘留所条例》第三十五条规定："本条例自 2012 年 4 月 1 日起施行。"二是法规条文中规定"本条例自公布之日起施行"，以公布日期作为生效时间。按照《中华人民共和国立法法》第六十一条的规定，行政法规由总理签署国务院令公布，有的行政法规在总理签署国务院令公布当天施行，如《校车安全管理条例》。《条例》关于生效时间的规定采取第一种方式，即在法规条文中明确规定生效日期，规定"本条例自 2012 年 10 月 1 日起施行"，即本《条例》自 2012 年 10 月 1 日起正式产生法律效力。

行政法规自公布至生效时间间隔的设定，主要目的是为了做好该法规实施的前期准备工作，涉及宣传、学习、培训，制定配套办法，以及甄别、清理、修改或者废止与该法规不相符合的规定等事项。

第三部分　附　录

国务院法制办、国管局负责人就《机关事务管理条例》答记者问

国务院总理温家宝日前签署国务院令，公布《机关事务管理条例》。条例自 2012 年 10 月 1 日起施行。日前，国务院法制办、国管局负责人就条例的有关问题回答了记者的提问。

问： 为什么要制定机关事务管理的专门行政法规？

答： 机关事务工作主要包括对保障机关正常运行所需经费、资产和服务的管理，是加强政府自身建设的重要方面。长期以来，社会各方面对此高度关注，但迄今为止我国还没有一部专门规范机关事务管理活动的法律或者行政法规。为深入推进依法行政，加强机关事务管理，规范机关事务工作，保障机关正常运行，降低机关运行成本，建设节约型机关，促进廉政建设，有必要制定条例。

问： 条例对其适用范围是如何规定的？

答： 针对当前机关事务管理的实际情况，条例规定：各级人民政

府及其部门的机关事务管理活动适用本条例。其他国家机关和有关人民团体的机关事务管理活动，参照本条例执行。其他国家机关主要包括各级人大和政协机关、各级法院和检察院等，有关人民团体主要包括文联、作协、残联、科协、友协、贸促会、红十字会等。这些机关和团体的运行经费也都由各级财政予以保障。

问：条例对机关运行经费管理主要作了哪些规定？

答：加强机关运行经费管理，是规范机关事务工作的关键环节。为此，条例规定：县级以上政府机关事务主管部门应当根据机关运行的基本需求，结合机关事务管理实际，组织制定实物定额和服务标准；财政部门应当根据实物定额和服务标准，参考有关货物和服务的市场价格，组织制定机关运行经费预算支出定额标准和有关开支标准。县级以上政府财政部门应当按照总额控制、从严从紧的原则，采用定员定额方式编制机关运行经费预算，严格控制"三公经费"的规模和比例。政府各部门应当根据工作需要和机关运行经费预算，制定"三公经费"支出计划，不得挪用其他预算资金。县级以上政府应当建立健全机关运行经费支出统计报告和绩效考评制度，组织开展机关运行成本统计、分析、评价等工作。

问：条例对政府采购作了哪些规定？对机关资产管理主要作了哪些规定？

答：为严格规范政府采购活动，条例规定：政府各部门应当采购经济适用的货物，不得采购奢侈品、超标准的服务或者购建豪华办公用房。对纳入集中采购目录、由政府集中采购机构采购的项目，政府各部门不得违反规定自行采购或者以化整为零等方式规避政府集中采购。政府集中采购机构应当建立健全管理制度，缩短采购周期，提高采购效率，降低采购成本，保证采购质量。政府集中采购货物和服务的价格应当低于相同货物和服务的市场平均价格。

加强机关资产管理，是防止资产闲置浪费、提高使用效益的基本要求。为此，条例主要作了三方面规定：一是建立健全机关资产管理制度和配置标准。县级以上政府应当根据有关机关资产管理的规定、经济社会发展水平、节能环保要求和机关运行的基本需求，结合机关事务管理实际，分类制定机关资产配置标准。二是加强机关用地和办公用房管理。政府各部门办公用房的建设和维修应当严格执行政府机关办公用房建设、维修标准，符合简朴实用、节能环保、安全保密等要求。政府各部门不得出租、出借办公用房，未经批准不得租用办公用房。三是强化公务用车管理。政府各部门应当严格执行公务用车编制和配备标准，建立健全公务用车配备更新管理制度，不得超编制、超标准配备公务用车或者超标准租用车辆，不得为公务用车增加高档配置或者豪华内饰，不得借用、占用下级单位和其他单位的车辆，不得接受企业事业单位和个人捐赠的车辆。

问：条例对机关服务管理主要作了哪些规定？

答：加强机关服务管理，是保障公务、杜绝浪费、降低成本的基础性工作。为此，条例提出了三方面要求：一是完善机关后勤服务管理制度，明确机关后勤服务项目和标准。县级以上政府机关事务主管部门应当制定统一的机关后勤服务管理制度，确定机关后勤服务项目和标准，合理配置和节约使用后勤服务资源。政府各部门不得超出规定的项目和标准提供后勤服务。二是严格规范公务接待工作。各级政府应当按照简化礼仪、务实节俭的原则管理和规范公务接待工作。国务院机关事务主管部门负责拟订政府机关公务接待的相关制度和中央国家机关公务接待标准。县级以上地方政府应当结合本地实际，确定公务接待的范围和标准。政府各部门和公务接待管理机构应当严格执行公务接待制度和标准。三是加强会议和因公出国（境）管理。各级政府应当控制会议数量、规模和会期，充分利用机关内部场所和电视电话、网络视频等方式召开会议。政府各部门应当控制因公出国（境）团组和人员数量、在国（境）外停留时间，不得安排与本部门业务工作无关的考察和培训。

国务院机关事务管理局　国务院法制办公室关于贯彻实施《机关事务管理条例》的通知

（2012 年 7 月 26 日　国管办〔2012〕215 号）

各省、自治区、直辖市及计划单列市、副省级省会城市人民政府和新疆生产建设兵团机关事务主管部门、法制办公室，国务院各部委、各直属机构：

《机关事务管理条例》（以下简称《条例》）已于 2012 年 6 月 28 日公布，将于 2012 年 10 月 1 日起施行。《条例》的公布施行，是机关事务工作改革与发展进程中的一件大事。为做好《条例》的贯彻实施工作，现就有关事项通知如下：

一、充分认识贯彻实施《条例》的重要意义

党中央、国务院历来高度重视机关事务管理工作。作为我国第一部专门规范机关事务管理活动的行政法规，《条例》以科学发展为主题，以建设节约型机关为主线，积极回应社会关切，确立了保障公务、厉行节约、务实高效、公开透明的原则，明确了机关运行经费、资产

123

和服务管理等机关事务管理的主要内容，是降低行政成本、加强政府自身建设的重要举措。《条例》全面总结机关事务工作60多年特别是改革开放30多年的实践经验，进一步明确了机关事务管理体制机制和基本制度，明确了改革方向，强化了监督检查和法律责任，是提高机关事务管理水平、促进机关事务工作科学发展的重要保障。各级政府机关事务主管部门要充分认识贯彻实施《条例》的重要性和紧迫性，采取切实有效的措施，把《条例》贯彻实施好。

二、全面把握《条例》的主要内容

全面把握《条例》的主要内容是正确实施的前提。在立法宗旨方面，《条例》明确规定是为了加强机关事务管理，规范机关事务工作，保障机关正常运行，降低机关运行成本，建设节约型机关。在管理体制方面，《条例》规定县级以上人民政府应当推进本级政府机关事务的统一管理，政府各部门应当对本部门的机关事务实行集中管理；上级政府机关事务主管部门指导下级政府机关事务工作，主管本级政府的机关事务工作。在管理制度方面，《条例》把保障机关正常运行所需经费、资产和服务的管理作为主要内容，对机关运行经费、政府采购，机关用地、办公用房、公务用车等重点资产管理，后勤服务、公务接待、会议和出国（境）管理等事项作了原则规定。《条例》特别把公务接待、公务用车购置和运行、因公出国（境）等问题作为重点，对"三公经费"预算编制、支出与公开，以及公务接待、公务用车购置和运行、因公出国（境）的管理作了多项规定。

《条例》要求建立健全机关运行经费公开、支出统计报告、绩效考评、资产管理、办公用房管理、公务用车管理、后勤服务管理、公务接待管理等方面的规章制度，制定机关运行实物定额、机关运行经费预算支出定额和有关开支标准，完善机关资产配置标准、办公用房建设维修标准和物业服务标准、后勤服务项目和标准、公务接待标准等。在改革方向上，《条例》明确了机关服务工作社会化的改革方向，要求各级人民政府推进机关后勤服务、公务用车和公务接待服务社会化改革。在监督检查与法律责任方面，《条例》规定了县级以上人民政府及其发展改革、财政、审计、监察等部门和机关事务主管部门的监督检查职责，明确了政府各部门及其工作人员、机关事务管理人员违反《条例》规定应当承担的法律责任。

三、认真组织《条例》的学习、培训和宣传

各级人民政府及其部门特别是机关事务主管部门要结合工作实际，认真组织学习《条例》，充分认识《条例》出台的重要意义，把握主旨和内容，领会精神和实质，明确责任和要求。各级政府机关事务主管部门要会同本级政府法制部门，有计划、分层次地对机关事务管理人员进行专题培训，促进具体规定与工作实践相结合，提高机关事务管理能力，提升队伍业务素质。要将《条例》作为"六五"普法学习的重要内容，采取专家访谈、法规解读、专题讲座、知识竞赛等多种形式，广泛宣传《条例》的立法宗旨和主要内容，为《条例》的贯彻实施营造良好舆论氛围。

四、抓紧做好贯彻实施《条例》的重点工作

（一）制定配套制度标准。县级以上人民政府机关事务主管部门和法制部门要会同本级政府发展改革、财政等部门，按照《条例》的规定，结合本级政府机关事务管理实际，制定机关运行经费、资产和服务管理的配套制度，细化有关定额和标准，增强可操作性。省级人民政府机关事务主管部门和法制部门要会同有关部门，结合本地实际，研究拟订地方政府机关事务管理规章，促进本行政区域内机关事务工作的协调发展。要及时将有关机关事务管理的地方政府规章和重要制度标准抄送国务院机关事务管理局。

（二）推进机关事务统一集中管理。县级以上人民政府机关事务主管部门要按照本级政府的要求，根据《条例》的规定，积极推进机关事务工作统一管理，建立健全统一的制度和标准，统筹配置资源。政府各部门要根据实际，按照精简统一效能的原则，集中管理机关事务，严格执行相关制度和标准。上级政府机关事务主管部门要采取调查研究、经验交流、监督检查等多种方式，加强对下级政府机关事务工作的指导。

（三）深化机关服务工作社会化改革。国家发展和改革委员会、国务院机关事务管理局等有关部门，正在研究拟订中央国家机关公务用车制度改革和机关后勤服务社会化改革实施方案。县级以上地方人民政府机关事务主管部门要按照本级政府的安排和部署，根据《条例》的规定，结合本地实际，会同或者配合有关部门研究制定机关服

务工作社会化改革方案和具体管理制度，扎实推进机关后勤服务、公务用车和公务接待服务等工作的社会化改革，降低服务成本，保障机关高效运转。

（四）加强对机关事务工作的监督检查。县级以上人民政府机关事务主管部门和法制部门要会同有关部门按照《条例》的规定，根据职责分工，抓紧建立健全监督检查制度和举报受理与查处工作机制，及时纠正和查处单位和个人违反机关事务管理制度标准的行为，确保制度标准得到严格执行。

五、切实加强对贯彻实施《条例》工作的组织领导

县级以上人民政府机关事务主管部门和法制部门要会同相关部门，切实加强对学习贯彻《条例》工作的组织领导，统一思想认识，周密部署安排，加强督促检查，逐级抓好落实。省级人民政府机关事务主管部门和国务院各部委、各直属机构要结合工作实际，抓紧制定贯彻实施《条例》的工作方案，于9月15日前送国务院机关事务管理局。贯彻实施《条例》过程中有关重要情况和问题，省级人民政府机关事务主管部门要及时报省（区、市）人民政府和国务院机关事务管理局，国务院各部委、各直属机构要及时报国务院机关事务管理局。国务院机关事务管理局和国务院法制办公室将会同有关部门，适时对各地区、各部门贯彻实施《条例》的情况进行检查。

图书在版编目（CIP）数据

机关事务管理条例释义／国务院机关事务管理局，国务院法制办公室编著. —北京：中国法制出版社，2012. 12
（2013. 11 重印）

ISBN 978 - 7 - 5093 - 2974 - 0

Ⅰ.①机… Ⅱ.①国…②国… Ⅲ.①国家行政机关 –
行政管理 – 条例 – 法律解释 – 中国 Ⅳ.①D922.115

中国版本图书馆 CIP 数据核字（2012）第 269173 号

责任编辑 朱丹颖   封面设计 李 宁

机关事务管理条例释义
JIGUAN SHIWU GUANLI TIAOLI SHIYI

编著/国务院机关事务管理局、国务院法制办公室
经销/新华书店
印刷/三河市紫恒印装有限公司
开本/787×960 毫米 16   印张/ 9 字数/ 78 千
版次/2012 年 12 月第 1 版   2013 年 11 月第 4 次印刷

中国法制出版社出版
书号 ISBN 978 - 7 - 5093 - 2974 - 0   定价：33.00 元

北京西单横二条 2 号 邮政编码 100031   传真：66031119
网址：http://www.zgfzs.com   编辑部电话：66067369
市场营销部电话：66017726   邮购部电话：66033288